Dario Lisiero

EL VICARIO
DE MONTEVIDEO

Dario Lisiero
El Vicario de Montevideo
ISBN 978-0-6151-4306-4

"Roma locuta, causa soluta"

A Mons. **Marino Marini**, preclaro ejemplo de la diplomacia pontificia.

Introducción

Al releer el pensamiento y la acción de José Benito Lamas[1] hemos reconstruido un modelo de **cristianismo sacral**, con sus múltiples coordenadas, que no carecen de contradicciones.

Ahora al presentar a Jacinto Vera, que se inscribe en el mismo contexto ideológico, presuponiendo todas aquellas implicaciones y partiendo únicamente del desarrollo de los hechos históricos, reconstruiremos el modelo de **Vicario** con sus virtudes y excesos **caracterológicos** e **ideológicos.**

Los acontecimientos históricos, al mismo tiempo que nos brindarán viveza e incluso crudeza en los delineamientos del Vicario, nos limitarán a una visión parcializada, inherente a su naturaleza.

Por lo tanto, no se pretende alcanzar en este estudio ninguna visión completa o definitiva del **Vicario Jacinto Vera**, sino simplemente una aproximación lo más fiel posible a los documentos consultados.

Vale la pena subrayar esta última afirmación, para no crear ilusiones o decepciones.

---

[1] ***Dario Lisiero***, José Benito Lamas, II- Relectura del pensamiento y acción de José Benito Lamas, Buenos Aires

Se trata simplemente de una reconstrucción parcial, pero definitivamente histórica y por lo tanto fehaciente.

Vera, jamás aceptaría semejante descripción de su personalidad, por no cuadrar con la imagen de Vicario, que él personificaba. Es probable que al leerla, experimentaría una pesadilla capaz de destruirle toda convicción en lo que sus maestros le habían enseñado durante su formación sacerdotal.

Los excesos ideológicos y administrativos que se registraron en ambos bandos (Vera y Berro) se hubieran podido evitar con un poco de tolerancia y de aceptación de la posición del adversario.

Berro, que a raíz de la libertad de prensa, había citado el dicho **"todo exceso lleva en sí su correctivo"**, si verdaderamente hubiera estado convencido de su justeza, no hubiera obrado de la manera irresponsable en el extrañamiento de Vera.

Vera, por su parte, de haber bajado a un compromiso, no por cierto deshonroso, "**al volver las cosas al estado anterior**" en la destitución del párroco interino Juan José Brid, le hubiera evitado a la sociedad su división fatal y su rompimiento oficial con la Iglesia Católica.

Todo extremismo sea ello religioso, político, ideológico o de cualquier otro género no sólo levanta barreras impenetrables, volviendo imposible el diálogo y la colaboración, sino que encierra en su seno el germen exterminador de una confrontación mortal y, en definitiva, de la guerra.

Es esta una lección que debería guiar las mentes y las acciones de los gobernantes, políticos o religiosos, de todos los tiempos. No existen **diablos encarnados** (los adversarios de cualquier color sean, ateos, comunistas, musulmanes, árabes...), o **paladines inmaculados** (nosotros, cristianos, católicos, judíos, americanos,...). Existen sólo **seres humanos**, con las mismas aspiraciones de justicia y paz.

Aceptando y respetando las diferencias mutuas, aunque nos parezcan incompatibles con nuestra religión, cultura o con nuestra visión de adelanto y civilización, podemos crear una comunidad mundial, que se esfuerce por vivir en el respeto y aceptación recíproca. ¿Sueño irrealizable, utopía descabellada, deseos infantiles?

Sea lo que fuere, vale la pena intentarlo. Es el único camino que **no lleva** a la destrucción final.

Premisa aclaratoria

Antes de iniciar nuestro estudio, vale la pena aclarar un poco más algo ya enunciado embrionariamente en la introducción.

La imagen que nos proponemos proyectar del **ilustre y venerado Jacinto Vera** jamás podrá alcanzar lineamientos claros y perfectos de alta definición, a la cual nos estamos acostumbrando con la tecnología moderna, sino que quedará siempre algo desdibujado, como una acuarela del siglo diecinueve.

Esto es debido principalmente a la complejidad intrínseca del ser humano, capaz de múltiples actuaciones y a la parcialidad de las fuentes consultadas.

Los mismos contemporáneos nos proyectan facetas contrapuestas de esta insigne personalidad, que nos dejan perplejos y a veces sin respiro por la crudeza de los términos empleados. Apurar la verdad de cada uno de ellos podrá parecer una labor hercúlea o una misión imposible.

Con todo, cualquier esfuerzo para penetrar en sus pliegues más recónditos debería recibir el caluroso aplauso de las personas bien intencionadas, dejando de lado prevenciones y temores.

No es nuestra intención agrandar o achicar, magnificar o desprestigiar, autenticar o mistificar el **retrato anguloso del Vicario** de Montevideo, sino sacarle el polvo del tiempo y los sedimentos de visiones e interpretaciones parciales, para que resplandezca en la totalidad de su belleza natural. Nada agrada y conquista más que la naturalidad y simplicidad de la persona.

El lector, al meditar serenamente sobre este estudio, decidirá si la finalidad propuesta ha sido alcanzada o si por el contrario se han perseguido intereses ajenos a la búsqueda histórica y a la honestidad científica.

Trasfondo histórico

Una sumaria recreación del ambiente político e ideológico a nivel europeo y a nivel uruguayo nos proporcionará elementos indispensables para una intelección menos superficial de la figura de Mons. Jacinto Vera.

Ambiente político europeo

En las décadas de 1850 y 1860, como en los años anteriores y posteriores a estas fechas, en toda Europa y particularmente en Italia y más específicamente en los Estados Pontificios, los cambios políticos, sustentados por las ideas liberales y revolucionarias de la época, se sucedían uno a otro sin interrupción, creando una verdadera psicosis de instabilidad y relatividad tan contraria a la mentalidad tradicional de inmutabilidad y perennidad.

La elección de Pío IX (14 de junio 1846), por el grupo liberal de los cardenales, hizo pensar en una apertura de la Iglesia a las tendencias de aquellos días.

Esto cobró consistencia, cuando el nuevo Papa, favorable a las reformas políticas y a cierta liberalización en los Estados Pontificios, el 16 de julio de 1846, concedió la amnistía a los prisioneros y exilados políticos. Se siguieron otras concesiones. Pero ninguna medida por liberal y generosa que fuere, logró calmar los ánimos. Cuando, en fin, le pidieron al Pontífice un gobierno constitucional, con la laicización del ministerio, y la declaración de guerra contra la odiada Austria, éste se negó rotundamente.

Se desataron entonces desórdenes violentos. El primer ministro Rossi fue apuñalado y el prelado papal Palma cayó muerto por un disparo de arma de fuego.

El 24 de noviembre de 1848, disfrazado y bajo la protección de embajadores extranjeros el papa abandonó Roma refugiándose en la ciudad de Gaeta. Cuando en abril de 1850 vuelva a la Ciudad Eterna, ya no será un político liberal ni un simpatizante de las nuevas ideas.

Con la pérdida paulatina de los territorios pontificios hasta su completa desaparición en 1870, debido a la unificación de Italia, Pío IX se considerará un prisionero y emprenderá una lucha sin cuartel contra el falso liberalismo, condenándolo el 8 de diciembre de 1864 con la encíclica *"Quanta Cura"*.

Seguirá el famoso "Syllabus errorum" en donde se reprobaban las corrientes modernas (panteísmo, naturalismo, racionalismo, indiferentismo, socialismo, comunismo, francmasonería, y todo genero de liberalismo religioso).

Finalmente con la proclamación primero del dogma de la Inmaculada Concepción el 8 de diciembre de 1854 y posteriormente de la Infalibilidad Pontificia por el Concilio Vaticano I (1870) el pontificado de Pío IX se encerraba en una fortificación ideológica de total contraposición al mundo y a sus ideas.

El antiguo "carbonaro" y liberal (así era denominado al principio de su reino por los extremistas de derecha) se había convertido por las infaustas vicisitudes políticas en un intransigente reaccionario, que cortaba todo diálogo con las legítimas aspiraciones de los pueblos.

Es difícil pensar, aun para las más fértiles imaginaciones dramáticas, un pontificado más tumultuoso y contradictorio al mismo tiempo.

Pío IX de soberano político, con territorios, ejércitos, y burocracia administrativa se había reducido a un simple prisionero despojado de todo esplendor mundano. Parecía que a la falta de poder temporal se había suplido con la atribución de la máxima autoridad doctrinal: la infalibilidad en las cuestiones dogmáticas. De este modo, en el subconsciente de muchos eclesiásticos, la Iglesia, si bien impotente temporalmente, se volvía todopoderosa en las cuestiones religiosas, frente a sus fieles.

Reflejo de este sentimiento oculto, nunca verbalizado, era el deseo expresado por un teólogo inglés de aquella época. Este anhelaba recibir todas las mañanas, juntamente con su desayuno, el diario y un dogma pontificio, para poder ejercer con toda seguridad su ministerio en la docencia.

Por extremista que fuera esta postura intelectual, que rehuía de toda búsqueda personal, con los riesgos concomitantes, pocos la hubieran ridiculizada.

La tendencia de un apoyo autoritativo en el campo religioso, dio origen al movimiento **ultramontano**. Eran los católicos europeos, que miraban más allá de los Alpes ("ultra montes"), a la autoridad del Papa, en contra de las corrientes religiosas nacionalistas. **Ultramontanismo vino a significar catolicismo integral, antiliberal y antirrevolucionario**.

La Iglesia sostenía que la autoridad de todo legítimo soberano, era de origen divino. Por esta razón se opuso y condenó los movimientos independentistas americanos, y los revolucionarios en Europa. De este modo la Iglesia se volvía la aliada natural del trono y éste en cambio el defensor nato de la misma.

Obviamente la historia no recorrió la senda de aquellos principios teológicos, sino que llenó las aspiraciones de libertad de los pueblos anhelantes la independencia y las formas constitucionales.

Ambiente político uruguayo

La Republica Oriental del Uruguay había finalmente alcanzado su independencia política, saboreando la libertad y la capacidad de autodeterminación. El yugo pesado de la dominación española había sido quebrado con coraje y determinación.

Jurada la nueva Constitución en el año 1830 entre el júbilo y regocijo de sus habitantes, la pequeña república jamás hubiera imaginado el tortuoso y difícil camino que le deparaba el futuro.

La codicia e intereses de los poderosos vecinos entremezclados con las rivalidades de sus caudillos provocaron una instabilidad política que culminará en la **guerra grande** (1843-1851), en la anarquía nacional (1852-1860) y en los períodos posteriores signados por inestabilidad y tensiones.

Dos factores más, no siempre subrayados convenientemente, agregarán una tonalidad y matiz peculiar a la situación uruguaya. Nos referimos concretamente a los designios imperialistas hegemónicos de las potencias extranjeras (Inglaterra, Francia, etc.), prestas a sacar provechos económicos de las rivalidades políticas internas, y la rápida evolución de la intelectualidad montevideana, que encontraba su obstáculo principal a su emancipación religiosa en la Iglesia Católica y en particular en los Padres Jesuitas.

Los vientos liberales que soplaban con intensidad en el continente europeo encontraron un suelo acogedor en la ciudad de Montevideo, abierta a todas las influencias del viejo mundo.

Se entablará entonces una lucha sin cuartel para desterrar definitivamente cualquier intento de implantar el ultramontanismo en la sociedad uruguaya. De aquí el violento enfrentamiento entre los Jesuitas y Masones, entre Vera y los dirigentes políticos. En este campo de batalla se jugaba la **independencia total** de la sociedad uruguaya.

El hombre destinado a encabezar la contraofensiva se llamaba **Jacinto Vera**. Nacido de pobres campesinos, originarios de las islas Canarias, forjará su personalidad al contacto con el duro trabajo de la tierra y su ideología tomará forma en los bancos del seminario regido por los Jesuitas de Buenos Aires.

Por casi 22 años, los primeros y más importantes de su existencia, se dedicó con empeño a labrar la tierra. Esta, siempre generosa con los que saben entregarse a ella, moldeó su carácter, imprimiéndole un sello inconfundible. El joven Jacinto poseía las virtudes y defectos de su categoría. Como cualquier campesino era simple, sin doblez, trabajador, desprendido, y moral. Sincero y sin pelos en la lengua, rehuía de todo compromiso llamando a las cosas por su nombre.

Para la gente de ciudad, con cultura y preparación intelectual, Vera era un hombre sin modales, impulsivo, orgulloso y terco, que no sabía tratar con la gente.

Estas características configurarán su rostro **caracterológico**, mientras que su **fisonomía ideológica**, se moldeó bajo la dirección de los padres jesuitas al estudiar filosofía y teología. Esta última, surgida de la contrarreforma tridentina, tenía características netamente antiprotestantes.

A no dudar, semejante **superestructura intelectual** con los agregados del **ultramontanismo europeo**, le proporcionaba un escudo formidable contra los embates del racionalismo y liberalismo imperantes.

El todo, bajo la cobertura ascética de las directivas de la **"Imitación de Cristo"**[2] de Thomas à Kempis, a las cuales Vera recurrirá muy a menudo, y sobre todo en los momentos más angustiosos de su existencia.

---

[2] **Thomas à Kempis,** De Imitatione Christi.

Con la impenetrable armadura del campesino, y el escudo del ultramontanismo jesuítico, Vera se transformará en el cruzado ideal para contrarrestar la avalancha del masonismo liberal, que estaba sumergiendo la intelectualidad montevideana.

Sinopsis histórica

Una sumaria recolección de los principales acontecimientos históricos nos abrirá el camino hacia la intelección de la personalidad del presbítero Jacinto Vera.

Antecedentes

A raíz de la muerte (2 de octubre de 1852) del segundo vicario apostólico **Lorenzo A. Fernández**, Mons. Marino Marini, delegado apostólico en Río de Janeiro, en su larga relación (13 de diciembre de 1853) a la Santa Sede, sugería como posibles candidatos para el gobierno de la iglesia uruguaya a José Benito Lamas, párroco de la iglesia Matriz de Montevideo, y a Jacinto Vera, párroco de Canelones.

Ambos eran estimados y de conducta no reprochable. Pero el primero merecía ser preferido al segundo, no sólo por su edad, sino por los mayores servicios prestados a la iglesia[3].

En este informe no se hace ninguna mención de las cualidades o defectos del párroco

---

[3] **Dario Lisiero**, José Benito Lamas, I. Reconstrucción histórica del gobierno eclesiástico en 1852-1857, Buenos Aires, 2003, p. 69-70.

de Canelones, mientras que se apuntan a los de Lamas (cualidades: conducta no reprochable, porte serio, mayores servicios y conocimientos; defectos: apego al dinero y cierta vanidad).

Después de serias consideraciones por parte de la Secretaría de Estado, **José Benito Lamas** fue escogido como tercer vicario apostólico (1854-1857), con unánime satisfacción de la población.

Primer nombramiento de Vera

Fallecido prematuramente José Benito Lamas (9 de mayo de 1857), se abría nuevamente la carrera hacia la silla vicarial. No faltaban los pretendientes. Entre ellos el inepto provicario Juan Domingo Fernández y el ambicioso Santiago Estrázulas y Lamas, ambos muy amigos del finado vicario.

El primero había sido elegido por él como brazo derecho (provisor y vicario general) en la nueva administración eclesiástica. El segundo, inteligente y de ideas liberales, se presentaba como el candidato ideal del gobierno y de los masones.

Mons. Vicente Massoni, internuncio ante la corte brasileña, al momento de confirmar la elección de provicario de Fernández, subdelegándole las facultades, se vio postrado por una enfermedad que lo llevaría a la tumba.

En este estado de incertidumbre pasaron más de seis meses, sin que la cuestión eclesiástica recibiera alguna solución. Finalmente el 14 de enero de 1858 llegaba a Montevideo Mons. Marino Marini, nuevo representante pontificio en el Río de la Plata con sede en Paraná.

Presentadas sus credenciales, no fue poca su sorpresa, cuando el gobierno del presidente Gabriel A. Pereira, le proponía para el cargo de Vicario, en virtud del derecho de patronato, al sacerdote **Santiago Estrázulas y Lamas**.

Marini quedó sorprendido no tanto por la pretensión del derecho de patronato, cuanto por la persona del candidato, cuya conducta moral poco laudable, ligereza de carácter y profesión por muchos años de médico homeopático, hubieran acabado, en opinión del mismo, con desacreditar totalmente la posición de Vicario.

Cortésmente Marini le prometía al presidente que hubiera tenido en cuenta **sus deseos** (negándole indirectamente el derecho de patronato) y que apenas recibidas las instrucciones de Roma procedería al arreglo definitivo del vicariato.

Mientras tanto, en su breve estancia en Montevideo, recogía las opiniones de personas cualificadas sobre los posibles candidatos con sus méritos y deméritos.

Entre los pocos eclesiásticos, dignos de consideración, sobresalían Victoriano A. Conde y Jacinto Vera. Pero el primero tenía un carácter sumamente débil y el segundo, por haber nacido y vivido en el campo, no poseía buenos modales y abundaba en carácter.

En la primera presentación a Roma en 1853, Vera aparecía sin ninguna connotación negativa, mientras que ahora se presentaba como un sujeto sin las cualidades necesarias para el cargo de Vicario.

¿Se habrá acordado Marini en esta ocasión de su primer informe al card. Antonelli, o habrá querido darle mayor peso a las opiniones del sector liberal?

Indirectamente le hacía entrever al cardenal Secretario de Estado que ninguno de los dos candidatos era materia para Vicario Apostólico, y que era preferible elegir a un eclesiástico extranjero.

Muy pronto el nuncio desechará esta posibilidad, porque jamás el gobierno uruguayo hubiera aceptado a alguien que no fuera hijo del país, como había sucedido en 1830 al proponerse a Pedro Jiménez, natural de España, en lugar de Dámaso Antonio Larrañaga.

En mayo de 1858 la Santa Sede aceptaba la sugerencia de dejar temporáneamente a Domingo Fernández de provicario, pero parecía inclinarse hacia Jacinto Vera, bajo la sugerencia del obispo de Buenos Aires Mons. Mariano Escalada.

El delegado apostólico, antes de recibir las instrucciones de Roma (que eran genéricas dejando la opción de un candidato nativo o extranjero) iniciaba la operación "nombramiento".

Por medio de sus amigos Ereño, párroco de Concepción del Uruguay y de Requena, jurisconsulto influyente, intentaba evitar por un lado los manejos de Estrázulas para alcanzar la silla vicarial, y por el otro le sugería al presidente Pereira que se esforzara para arreglar la situación de la iglesia uruguaya, presentándole al Sumo Pontífice una terna de candidatos, en la cual se incluyera a Jacinto Vera.

De los dos colaboradores de Marini, el primero llegó tarde, porque Pereira en ocasión de la apertura de las sesiones ordinarias de la octava legislatura (18 de febrero de 1858) había anunciado el nombre del candidato Estrázulas, y el segundo, a raíz de lo sucedido se vio maniatado en sus esfuerzos.

Mientras tanto la ineptitud del provicario Fernández hacía insostenible la prolongación del mismo en el cargo; sumado esto a la intensificación de las quejas que provenían de Montevideo, el 19 de mayo, Marini se apresuraba a escribirle al card. Antonelli, pidiéndole que le autorizara a nombrar al vicario. Lo suplicaba que no considerase esta petición como un atrevimiento.

La sustitución, en Montevideo, del ministro de relaciones exteriores Antonio de las Carreras por Nin Reyes (12 de junio de 1858), facilitaba la labor de Marini, por ser este nuevo ministro indiferente en la cuestión de la candidatura de Estrázulas.

Hacia el 22 de julio de 1858, el diplomático pontificio le escribía a Roma que se había decidido a favor de Jacinto Vera. Sólo hacia la mitad de diciembre (casi cinco meses después) recibió la confirmación de la Secretaria de Estado.

Vera, probablemente sospecharía algo, al recibir, el 21 de enero de 1859, una carta de Paraná, en la cual se le comunicaba que el delegado quería ponerse en comunicación con él.

Desgraciadamente la expulsión de los Jesuitas el 26 de enero complicó enormemente el panorama. Vera, en efecto, al haber condenado enérgicamente la medida del presidente, se volvía "persona non grata", a los ojos del mandatario uruguayo.

Pasaron algunos meses antes que se calmaran los ánimos por ambos bandos (masones y filojesuitas) y antes de iniciarse la ofensiva final para el nombramiento. En el ínterin, Vera, por intermedio de su amigo Ereño, sabía positivamente que había sido elegido Vicario Apostólico por el Papa. No poca era su maravilla al ver los titubeos y hesitaciones del nuncio.

Finalmente el 8 de mayo recibía la comunicación oficial de su designación como Vicario Apostólico con unas indicaciones que provocaron su indignación profunda.

Marini estaba convencido que ese nombramiento sería del agrado del Gobierno. Con todo, Vera, antes de hacer la presentación oficial, debía asegurarse que no sería rechazado. Por eso se incluía una carta confidencial para el presidente, exhortándolo a acoger favorablemente ese nombramiento.

Sólo después de haber comprobado la buena disposición del presidente Pereira, el párroco de Canelones formalizaría la entrega de su título al ministro de relaciones exteriores; en caso contrario, lo devolvería todo e inmediatamente a Paraná.

Esta última instrucción, escrita de puño y letra del mismo Marini (lo demás estaba escrito por un amanuense) provocó las iras del futuro vicario, indisponiéndolo "in perpetuum" con el representante pontificio.

Inmediatamente y por diversos conductos mandó copias de la carta de Marini a Roma, **para que supiesen allí los enviados que mandaban al Plata.**

Desahogándose con su amigo Víctor Eyzaguirre (que creía el principal promotor de su candidatura y que en ese entonces se encontraba en la Ciudad Eterna), le expresaba su convicción de que la Santa Sede nunca obraría de esa manera.

De estar él en la verdad, le pesaría mucho al delegado el haber obrado de esa manera. En su opinión, su candidatura debía ser impuesta, porque jamás el gobierno la aceptaría espontáneamente. Los mismos sentimientos y las mismas consideraciones aparecían en cartas enviadas a Sató, Ereño, etc.

Existía un abismo entre la manera de proceder de Marini y la de Vera. Este abogaba por el uso de la fuerza e imposición, mientras que aquél se manejaba con la diplomacia más sutil y la persuasión más convincente.

Parece que Jacinto Vera al presentar su título en forma confidencial no recibió ningún rechazo, se le objetaba sólo que en el diploma no se hacía mención del derecho de patronato. Marini, además, desatendía el pedido oficial del gobierno por el que se presentaba a Estrázulas.

El delegado entonces, por medio de intermediarios, se esforzaba para convencer al gobierno a que presentara una terna en la cual se incluyera al párroco Jacinto Vera.

Este, debido a la feroz oposición de los masones, creía firmemente que jamás hubiera sido aceptado por la presente administración, poniendo una confianza ciega en la próxima.

Hacia la mitad de julio se habían superado inesperadamente todos los obstáculos, y la puerta parecía abierta para un fructuoso negociado. Pero, con supremo disgusto de los filojesuitas, volvía al ministerio de relaciones exteriores Antonio de las Carreras, con su antigua candidatura de Estrázulas.

Marini, para no provocar una ruptura total con el gobierno de Montevideo, suspendía entonces el proceso del nombramiento hasta la elección del sucesor de Pereira que se efectuaría el 1º de marzo de 1860.

Segundo nombramiento de Vera

Con las miradas puestas en la nueva administración de marzo, nadie soñaba con un cambio de ruta. El mismo incansable Marini se había rendido a una suerte ciega, que no respetaba a nadie.

Pero, su arma secreta de la terna había hecho mella en la dura corteza ideológica del gobierno Pereira y hacia fines de setiembre llegaba a Paraná la inesperada terna, incluyendo a Vera.

El 4 de octubre, el delegado apostólico con ánimo gozoso, tomaba la pluma y extendía el documento con el segundo nombramiento del párroco de Canelones.

Le detallaba a éste los pasos que debía tomar con suma prudencia porque, a pesar de la calma aparente, temía nuevos inconvenientes.

No se equivocaba el diplomático ascolano, porque al mismo tiempo que se enviaba la terna, se desataba en los diarios capitalinos una campaña calumniosa contra Vera, con la clara finalidad de impedir su nombramiento. Denigrando su conducta moral, se pretendía hacerle perder frente al público su fama intachable.

El provicario Fernández, en lugar de apurar los hechos, consintió que se le formara juicio. Frente a esta cobardía, por otra parte muy interesada, de la autoridad eclesiástica, los vecinos de Canelones, indignados, formaron una comisión, que defendería la honestidad y derechos del acusado.

El mal humor general acobardó al provicario, quien se desentendió del asunto remitiendo todos los documentos al Tribunal Superior de Justicia.

La desesperada lucha del ministro Antonio de las Carreras para entorpecer y hacer naufragar ese controversial nombramiento, no dio los efectos esperados, y el 13 de diciembre de 1859 se concedía el pase al breve apostólico.

El día siguiente, 14 de diciembre, Vera prestaba juramento y las campanas de todos los templos de la capital anunciaban con sus repiques el nombramiento del nuevo Vicario Apostólico.

Consejos al nuevo Vicario

El diplomático pontificio había investido toda su autoridad, prestigio y credibilidad en el nombramiento de Vera, y no estaba dispuesto, por ninguna razón al mundo, a que fracasara, debido a alguna imprudencia o celo inoportuno.

La oposición había sido desalmada fuera de la iglesia, y perversa dentro de la misma, y no apaciguaría sus furias por el hecho de que Vera había sido aprobado por el gobierno.

Marini, al escrutar el horizonte, entreveía algo tormentoso, por el carácter del Vicario, y la determinación feroz de los adversarios.

Sin perder tiempo, tomaba la pluma y en una carta confidencial le trazaba con tacto y discreción las líneas esenciales que debían guiar sus acciones como gobernador eclesiástico.

Cada palabra de esas instrucciones encerraba semillas de una sabiduría milenaria, y cada frase sonaba al oído como un programa de cualquier político moderno.

Sin mencionar a Dios, se podían aplicar a todo hombre, sea creyente o ateo, liberal o conservador, que quisiera ejercer autoridad. Tienen todavía hoy una validez que supera las barreras temporales y geográficas.

Empezaba por decirle que la justa causa, tenazmente defendida, había triunfado. Lo que importaba ahora era saber aprovechar de la victoria. **Esto consistía en gobernar con prudencia,** para demostrarles, aun a aquellos que habían hecho oposición al nombramiento, que éste había sido muy acertado, y que no hubiera podido hacerse otro mejor.

Nótese, como el **demostrar**, **hacer ver** (en otras palabras la propaganda, la explicación), tiene una importancia fundamental para el que gobierna. No es suficiente hacer obras en silencio, hay que proclamarlas desde los techos.

Marini tenía un interés enorme en que el gobierno de Vera fuera acertado en todo. Por esto se permitía sugerirle **que era muy conveniente andar con paso lento y firme y atraerse las voluntades de todos**, en cuanto fuera posible, sin faltar al deber y a la dignidad con que había sido investido.

No ignoraba, además, que ese vicariato necesitaba de **muchas reformas**, sin embargo, estaba convencido, que para que tuviesen efecto, no debían hacerse con precipitación. Se debía empezar con amonestaciones suaves.

El delegado pontificio no se cansa en recalcar y repetir la necesidad de **lentitud, prudencia y suavidad.**

En efecto, hubiera sentido mucho que los enemigos del nuevo vicario **atribuyesen dichas reformas a espíritu de intolerancia y**

venganza. No se ganan a los adversarios con la confrontación y la fuerza, sino con la persuasión y el dialogo, aunque parezcan inútiles. Los buenos modales, en el respeto muto, llegan a atraer a los más reacios y rebeldes.

Con una pincelada de verdadero político, le sugería que se rodeara de personas de buenos antecedentes y capacidad, que no sólo mereciesen su confianza, sino también la del público. No pudiendo Vera verlo y hacerlo todo, debía valerse de otros, que lo ayudasen con fidelidad. De no ser así, las faltas de pura malicia o ineptitud de éstos vendrían a recaer sobre él, a pesar de su buena voluntad.

Concluía rogándole, que si en algo podía coadyuvarlo, que lo ocupara sin más, porque a la vez que tendría con ello mucho placer, cumpliría también con sus compromisos.

¡Imposible encontrar una actitud más fina y delicada! Desgraciadamente el Vicario no supo aprovechar de esa mano tendida, por el contrario la obstaculizó con obstinación y terquedad, convencido de que estaba obrando correctamente[4].

---

[4] Para esta reconstrucción se ha utilizado y se utilizará:
Dario Lisiero, El Vicario Apostólico Jacinto Vera, Lustro Definitorio en la Historia del Uruguay (1859-1863), Primera Parte y Segunda Parte.

Vicario y pastor

El pequeño vademécum de Marini, con las principales directrices metodológicas que debían guiar los pasos del flamante jefe eclesiástico, no dejaba lugar a dudas sobre el espíritu que debía informar la acción del Vicario.

Este preciso llamado del delegado, casi desesperado en su insistencia, a la **lentitud** y **suavidad en las reformas** ¿encuentra alguna respuesta en Jacinto Vera?

En general se puede afirmar que las prioridades del mismo no se referían tanto al **modo** (paso lento y suave) de la reforma cuanto a la **sustancia** de la misma. Además, su celo enorme y su carácter, lo llevaban más hacia la impaciencia que a la espera.

Será inevitable, por lo tanto, el conflicto que se originará en el prelado montevideano entre el pedido de su superior y el clamoreo de la realidad, aunque concordaran, irónicamente, en la sustancia.

Vicario

Como jefe de la iglesia uruguaya, al contemplar la actuación de sus predecesores,

Vera estaba convencido que se había sacrificado no poco de la independencia de la iglesia. Había llegado el momento de dar una voz de alto a todo el que quisiera entrometerse en lo que era estrictamente de jurisdicción eclesiástica.

Se necesitaba un pecho ambrosiano, un hombre firme, y no una caña que se doblara a todos los vientos. Y Vera sería ese hombre, sin temor a nada y a nadie. Este era su llamado histórico, su imperativo de conciencia, y una de sus prioridades absolutas.

Con esto delante de sus ojos, procederá a la formación de la curia y al arreglo de algunas parroquias.

La elección de sus colaboradores, que integrarían el equipo directivo y administrativo, no ofrece mayores reparos, si se exceptúa al fiscal eclesiástico Francisco Mayesté. Este, de gran capacidad intelectual y oratoria, tenía un genio maquiavélico y parecía haber nacido para encabezar la oposición.

Durante la administración anterior de José Benito Lamas, había creado no pocos problemas y enredado no pocos asuntos. Antes de abandonar la Compañía de Jesús, había sido profesor de Vera en Buenos Aires. ¿Sería por este motivo, o por la escasez de elementos idóneos, o para quitarle el cerebro a una posible oposición que el Vicario lo prefirió a Antonio María Castro para la fiscalía? En verdad, se desconoce el verdadero móvil de esa maniobra.

Victoriano A. Conde, para provisor y vicario general, era algo descontado, por ser el segundo eclesiástico digno en la estimación de Marini.

Francisco Castelló, como secretario de la curia, y Estanislao Pérez, como notario eclesiástico concluían la lista del reducido grupo dirigente.

Debido a estas nominaciones, algunas parroquias quedaban vacantes, y otras con curas ineptos o mercenarios clamaban por un cambio inmediato.

Aquí también Vera, con mano firme, hizo las sustituciones necesarias, poniéndolas simplemente en conocimiento del ministerio de relaciones exteriores.

Si la curia había jurado defender sus prerrogativas, el gobierno no pensaba apartarse ni en un ápice de lo tradicional en ese campo.

El ministro Eduardo Acevedo aprobaba esos cambios, pero prevenía al Vicario que en lo sucesivo, antes de practicar cualquier provisión, la propusiese al poder ejecutivo para su aprobación.

Pastor

La segunda prioridad, de igual o mayor importancia que la primera en la conciencia del prelado, era el cuidado espiritual y moral de los sacerdotes y de los fieles.

Tanto los primeros como los segundos, habían sufrido un descuido comprensible pero no aceptable por varias décadas, en parte por las vicisitudes políticas de guerra e inestabilidad del país y en parte por los impedimentos físicos o de otro género de los prelados anteriores. Era imperativo poner fin a esa negligencia y abandono.

El **clero** nacional, reducido en número y falto de formación, al igual que el clero extranjero, formado por adventicios, carecía de las virtudes propias de su estado. Los defectos más notorios eran el mercenarismo, o, más específicamente la búsqueda inmoderada de dinero y una conducta moral dudosa.

Fundamentalmente su actividad pastoral consistía en celebrar las funciones religiosas (misas, matrimonios, funerales...) que originaban introitos pecuniarios, omitiendo las carecientes de retribución monetaria (predicación, confesiones, enseñanza religiosa...).

Vera, con un coraje apostólico admirable, no hesitó en convocar a todos los miembros del clero para una tanda de ejercicios espirituales.

En este retiro del 29 de enero de 1860, un sacerdote calificado venido de Buenos Aires, al explicar las grandes realidades teológicas (pecado, gracia, muerte, infierno, paraíso...), proponía a la consideración de sus hermanos los deberes específicos de cada sacerdote, digno de ese nombre, haciendo hincapié en la preparación a los sacramentos (no simplemente en su administración) y en la enseñanza del catecismo, especialmente a los niños.

La participación del clero fue muy numerosa y satisfactoria, en opinión de Vera y siempre, según el mismo, **el futuro de la iglesia oriental se presentaba muy prometedor**.

Parecería un poco simplista la apreciación del vicario, que le atribuía un poder casi mágico a un retiro espiritual. ¿Podría éste cambiar la conducta de hombres acostumbrados a un estilo de vida licencioso y mercenario?

Con todo, no hay que olvidar el hecho de que Vera había descubierto su vocación sacerdotal durante uno de esos retiros espirituales, y que para él habían constituido siempre una fuente inagotable de renovación y energía espiritual. Además, era casi una novedad absoluta ver a todos esos sacerdotes alimentarse juntos, alrededor de la mesa eucarística, con el cuerpo de Cristo y hacer un esfuerzo para enmendar sus vidas.

Los **fieles**, por otra parte, constituían la preocupación mayor de su ministerio pastoral. El abandono de ese rebaño había sido tan grande y prolongado que el buen pastor se veía obligado a dejar la única oveja que le quedaba en el redil para ir en busca de las noventa y nueve perdidas. ¡Qué contraste con el buen pastor de la parábola evangélica!

Esta era cabalmente la sensación de Vera al ponderar la inmoralidad, las uniones matrimoniales ilegítimas, la carencia de instrucción religiosa, las personas sin bautismo y confirmación, la no asistencia a la Misa y otras serias irregularidades entre la población de la campaña.

Las distancias enormes y el culposo descuido por parte de los curas habían llevado a esta situación tan lamentable como insoportable.

El nuevo vicario, quemando los tiempos, proyectó, después de las celebraciones pascuales de 1860, unas misiones, entre los pueblos del interior, que quedarán memorables por su duración, intensidad, resultados y significado.

Habían transcurrido poco más de cuatro meses de su atormentada elección al vicariato, en el hemisferio sur se aproximaba el invierno con todas sus contrariedades y el ambiente capitalino hervía con los gérmenes de una revuelta liberal.

Sin poner la debida atención a esos signos negativos de los tiempos, y consumido por el celo de la casa de Dios, "zelus domus tuae comedit me" (Salmo 69,9), el 25 de abril de 1860 dejaba la ciudad de Montevideo, acompañado por los dignos presbíteros José Letamendi, Inocencio Yéregui y Esteban de León. Primer destino, la villa de Durazno.

En esta primera etapa, corazón geográfico de la Republica, no sólo experimentará la calurosa recepción de esa población, sino que recogerá frutos abundantes de sus labores pastorales.

¿Vale la pena subrayar la diferencia abismal entre la atmósfera capitalina, pesada, fría e insegura y la de la campaña, acogedora, cálida y sincera? Aquí Vera se encontraba en su verdadero elemento en donde podía respirar a sus anchas. Por haber nacido y vivido entre campesinos, se identificaba con ellos, y ellos se reencontraban en él. Existía una simbiosis maravillosa, que ninguna cultura podía brindar, y ningún esfuerzo humano podía recrear.

Entre esa gente, el Vicario era hombre escuchado, admirado y seguido. De haberse propuesto como caudillo político, hubiera arrastrado esas multitudes en pos de sí, como cualquier personaje histórico famoso.

Por estas razones humanas y por su celo devorador prolongó esta primera misión por el espacio de ocho meses y 21 días, regresando a la capital el 15 de enero de 1861.

Esta **duración**, comparada con su primera estadía de cuatro meses en Montevideo, nos dice a las claras en dónde estaba su corazón y cuáles eran sus prioridades.

La **intensidad** del trabajo a que se sometían tenía algo de hercúleo. Sólo un entrenamiento militar para reclutas, o un noviciado para iniciados podía acercarse a la dureza de esa labor pastoral.

Se levantaban a las cinco de la mañana, como hacía la gente del campo, y se acostaban a las once y media de la noche, sin tener a veces el tiempo para una comida regular. Sin descuidar sus prácticas religiosas personales, meditación y rezo del breviario, empleaban el resto del tiempo en la celebración de la Santa Misa con la predicación y sobre todo en escuchar las confesiones. No poco los empeñaban los bautismos, la regularización de los matrimonios las confirmaciones, las visitas a los enfermos y ancianos, la revisión de los libros parroquiales, organización de procesiones y triduos y muchas otras actividades menores.

Los días pasaban sin concederse algún respiro, si se exceptúan los únicos tiempos en que debían trasladarse de un lugar a otro y sin poder ver el fin de esa labor. Los amigos de la capital no cesaban de insistir para que volviesen y se tomaran un descanso, y atendieran a los problemas sin solución que se estaban acumulando en la vicaría.

Los mismos colaboradores del Vicario, no acostumbrados a semejante actividad febril, daban la impresión de soldados agotados, listos a entregar las armas.

Pero Vera, a pesar de los reiterados pedidos de los integrantes de la curia, de las quejas de sus ayudantes, del frío y de una pierna que lo molestaba por una caída seria de caballo a principios de junio, no entendía suspender esa misión.

Si por un lado ostentaba un temple de acero, un dinamismo indomable y un celo superlativo, por el otro molestaba su inflexibilidad y falta de sensibilidad. Pero el Vicario no buscaba ser popular o agradar, lo único que quería era hacer el bien y ser efectivo.

Los **resultados** no faltaban y estaban a la vista de todos. Esos incansables misioneros en ocho meses y medio habían recorrido cinco departamentos (Durazno, Florida, San José, Colonia y Soriano), confirmado más de 23.000 personas, celebrado 700 matrimonios entre personas que permanecían en unión ilícita, siendo incalculable el número de almas que se habían acercado al sacramento de la confesión y comunión.

Conociendo la población global de los cinco departamentos que sumaba 60.977 almas y comparándola con el total de confesiones y comuniones (alrededor de 28.000) se llega a la convicción de que más de la mitad de la población hábil, se había acercado a Dios, cumpliendo con sus deberes religiosos. Si a esto se añaden todas las otras actividades pastorales, se puede concluir diciendo que el trabajo realizado había sido imponente.

El **significado** de todo esto no podía escapar a nadie y debía constituir como un aviso para todos los sacerdotes de la República. Vera

era el **buen pastor** que cuidaba de su rebaño y que se sacrificaba por él. No buscaba dinero, ni aplausos o reconocimiento. Celebraba o arreglaba matrimonios sin cobrar un centavo, por el contrario, si alguno se encontraba en aprietos económicos lo ayudaba a cubrir los gastos.

Como algunos fieles habían sido generosos con él proveyéndolo de caballos, carretas, ropa y víveres, así también él no escatimaba su ayuda a los que más la necesitaban. A diferencia de muchos de sus hermanos en el sacerdocio, no había en él ninguna huella de mercenarismo, de apego al dinero o de comodidad burguesa.

Por esto, a dondequiera se dirigiera era acogido con entusiasmo y regocijo por autoridades, notables y gente común. Al despedirse de los mismos, se registraban escenas conmovedoras de adiós.

A su regreso a Montevideo (15 de enero de 1861), ocho lúcidos carruajes con miembros del clero lo estaban esperando en el Paso del Molino. Después de los saludos de bienvenida se dirigieron a la iglesia Matriz, en donde entonaron un *Te Deum* de acción de gracias.

La acogida no había sido triunfal, aunque no careciera de aparato externo festivo. Con todo, Vera instintivamente no detectaba el calor y la sinceridad a la cual estaba acostumbrado con la población del interior. Era indudable que ese no era su ambiente natural.

Tanto Marini como Vera en sus informes a Roma subrayaban el cambio notable que se estaba verificando en el vicariato. El estado de postración en que había caído, dejaba lugar a un vigor sorprendente, y se pronosticaba un futuro mejor.

El 30 de enero de 1861, se iniciaba una segunda tanda de ejercicios espirituales para el clero y el 13 de abril, después de las fiestas pascuales, Vera se lanzaba, con redoblado empeño, a misionar en la campaña, comenzando por su antigua parroquia de Canelones.

Todo dejaba entrever una marcha reformadora irrefrenable, cuyas gestas hubieran podido ser objeto de poemas épicos.

Contraofensiva masónica

Los masones habían visto con recelo los sucesos pastorales de Vera en el interior del país y lo que era peor estaban asistiendo con rabia mal disimulada al asentamiento progresivo del *ultramontanismo* filojesuita en el suelo oriental.

Había que obstaculizar con todos los medios posibles la introducción de esa corriente retrógrada que amenazaba la marcha serena de la sociedad uruguaya hacia la independencia total religiosa.

El vicario había iniciado la provocación y los masones lo enfrentarán con una oposición sorda primero, para pasar a una guerra sin cuartel después.

Se ensayaron las primeras escaramuzas en ocasión de las rogaciones públicas a favor del papa. Estas, iniciadas el 5 de setiembre de 1860, por orden del provisor Conde y bajo la sugerencia de Vera, provocaron la reacción inmediata de los liberales.

Apenas se enteraron de la circular que invitaba al clero y a los fieles a oraciones públicas por Pío IX, las sociedades masónicas organizaron exhibiciones análogas en provecho de los revolucionarios del Estado Pontificio. Un comité italiano, además, invitaba a todos los liberales y patriotas italianos a que se reuniesen (15-18 de setiembre) en las iglesias de San Francisco y de la Caridad, para orar fervientemente a favor de Garibaldi.

Más tarde, y precisamente el 24 de setiembre, el provisor y vicario general hacía un llamado a la generosidad de los católicos para que hicieran donaciones pecuniarias que debían enviarse al Sumo Pontífice.

Evidentemente no faltó la contrapartida garibaldina y masónica recolectando fondos, que debían sostener al célebre *"condottiero"*, cuya voz se oiría muy pronto desde lo alto del Capitolio.

De estos dos hechos se puede entrever la polarización de los ánimos y la división de la sociedad montevideana en plena fermentación ideológica.

Ofensiva menor

Los masones, impacientes, estaban a la espera de una ocasión propicia para dar inicio oficial a las hostilidades. Esta no tardó en presentarse.

Había caído enfermo en la villa de San José el Dr. Enrique Jakobsen. Este, que se había convertido a la religión católica, casándose con una hija del país, consciente de la gravedad de su enfermedad, hizo llamar al cura párroco, para cumplir con sus deberes religiosos.

El P. Madruga, ex alumno de los jesuitas, antes de administrarle los últimos sacramentos, le exigió la retractación pública de sus errores y la renuncia a la masonería.

El moribundo se negó a cumplir con esa exigencia, negándole por consiguiente el cura párroco la absolución y la sepultura eclesiástica.

Los masones, apenas se enteraron de lo acontecido, hicieron traer el cadáver a la capital y poniendo en escena una manifestación imponente, se dirigieron hacia la iglesia Matriz, pidiéndole al cura párroco Brid los mismos servicios religiosos que el cura de San José se había negado prestar.

Pero aquí también se encontraron con una negativa del párroco, que por orden del provisor y vicario general, ni quiso abrirles las puertas de la Matriz.

Los manifestantes furiosos hubieran derribado las puertas del templo, si no hubiese intervenido tempestivamente el jefe de policía con sus hombres.

Frente a la imposibilidad material de poder entrar en la iglesia, se dirigieron al cementerio. Con una solemnidad extraordinaria y escogiendo uno de los lugares más distinguidos, dieron sepultura al cadáver. En esa ocasión, Adolfo Vaillant exaltó la figura del fallecido y tejió la apología del movimiento masón.

Este enfurecimiento de las logias en querer los servicios religiosos para uno de sus hermanos parecería totalmente ilógico y contradictorio. ¿Qué sentido tenía pedirle la bendición a la iglesia católica, que consideraban como el obstáculo principal no sólo para su movimiento sino para todo progreso en general?

Para una mentalidad moderna todo esto se presenta como incomprensible e ilógico, pero no para esos tiempos de transformación y transición, en donde el cordón umbilical de la religión no había aun sido cortado.

Basta, en efecto, escuchar algunas expresiones de Adolfo Vaillant pronunciadas en esa ceremonia fúnebre: "Jakobsen pertenecía a una institución que tiene por dogma fundamental la creencia en Dios y en la inmortalidad del alma, y que ama y acata la religión como los mejores católicos, pero sin **fanatismo**". Según él, los verdaderos hombres religiosos eran ellos, no los católicos, que se habían vuelto fanáticos, intolerantes y obscurantistas.

No bien Vera se enteró de lo acontecido, interrumpió la misión que acababa de iniciar en su ciudad (Canelones), y el 17 de abril retornaba con precipitación a la capital.

Después de haber aprobado la conducta del párroco Brid, y la **exhumación** del cadáver, exigida por su provisor Conde, el Vicario Apostólico, sin mucha ponderación, ponía en **entredicho** el cementerio público de la capital.

A raíz de esta medida extrema, no se podía enterrar a nadie, bajo las penas eclesiásticas más severas, hasta que no se exhumara el cadáver.

Como respuesta, el gobierno expedía un decreto, declarando los cementerios fuera de la jurisdicción eclesiástica. Además, en una nota del 19 de abril, justificaba su medida de implícita secularización de aquellos lugares sagrados, diciendo que no había ocurrido la violación alegada por la curia, por el simple hecho de que el gobierno había autorizado el entierro.

Obviamente el Vicario reafirmaba su posición: el cementerio estaba violado, el cementerio estaba en entredicho, y nadie podía ser enterrado en él.

A medida violenta por parte de la curia, decisión drástica por parte del ejecutivo. Las posiciones se estaban endureciendo con detrimento de la credibilidad de ambas autoridades.

Sobrevinieron algunas conferencias entre el ministro Acevedo y el Vicario Apostólico sin ningún resultado, por exigir el segundo la exhumación del cadáver como "conditio sine qua non".

Cuando todo hacía pensar en un desenlace desastroso, el buen Requena, que contemplaba esa situación explosiva con el corazón en la mano, obtuvo una entrevista de Vera con el presidente Berro.

Según la versión del Vicario, el presidente manifestó el deseo de remediar a los males ocurridos y de contener los avances de los masones. Pero siendo éstos muy fuertes, le sería extremadamente doloroso recurrir a la fuerza para reprimirlos. Era necesario llegar a un compromiso por ambas partes.

Es difícil comprobar lo que haya de verdad en esta descripción del encuentro, por el simple hecho de que Vera distorsionaba inconscientemente la realidad y porque él mismo seguía todavía proyectando a Berro en la veste de salvador de la iglesia.

Con todo, se llegó a un compromiso. El 30 de abril el Vicario redactaba un documento en que se comprometía a volver las cosas al estado anterior, renunciando a la exhumación del cadáver. Su única exigencia era la bendición del cementerio. El gobierno, por su parte, retiraba el decreto de secularización, aprobaba el nombramiento del capellán, encargado de ese lugar sagrado, y la reglamentación del servicio religioso en el mismo.

Como de costumbre, se dejaba la discusión de las cuestiones de derecho para tiempos más tranquilos.

El examen de la posición de Vera deja al historiador perplejo.

El estaba convencido de que el cementerio había sido violado, "poluto" y desacralizado con el entierro del impenitente Jakobsen. Sólo la exhumación de su cadáver hubiera vuelto la sacralidad y la pureza a ese lugar.

Pero basándose en un autor de moral, que no menciona, no había ninguna ley canónica que exigiese la exhumación, bastando una simple bendición para devolverle la sacralidad y pureza al lugar profanado.

Si esto era verdad, ¿cómo se explica entonces la precipitación de Vera en poner el cementerio en **entredicho,** y sobretodo su convicción de que había sido desacralizado y poluto y que sin la remoción del cadáver no se podría utilizar más?

¿Había obrado por ignorancia, o por un deseo ciego de venganza contra la desvergüenza y atrevimiento de los masones o, en fin, por un simple deseo de enfrentamiento con ese elemento liberal que se estaba volviendo cada día más insolente e insoportable?

Cualquiera sea la respuesta, nos deja una imagen de la autoridad eclesiástica disminuida, empobrecida y con prejuicios, que no responde a los parámetros que Vera quería proyectar de su nueva administración reformadora.

En este punto no estaría fuera de lugar mencionar otro aspecto peculiar de la personalidad de Vera, que será retomado y profundizado en la segunda parte, titulada **trasfondo ideológico**.

Se trata de una actitud que rehuye de la confrontación intelectual con el adversario para esclarecer posiciones encontradas sobre el derecho de patronato, situación jurídica de los curas párrocos, atribuciones de la autoridad civil con respecto a la Iglesia, etc.

El 24 de julio de 1861, el provisor Conde **ponía simplemente en conocimiento** del ministro de relaciones exteriores el nombramiento de Luis Mancini, para la iglesia parroquial de San Carlos.

El ministro Eduardo Acevedo contestaba que aprobaba la propuesta. Con todo, **en lo sucesivo se debía someter cualquier provisión al gobierno para su aprobación**.

Conde se apresuraba a escribirle a Vera, que se encontraba misionando en el interior del país, que a su regreso tratase de solicitar una conferencia con el gobierno, para deslindar las atribuciones de ambas potestades, de otra manera se continuaría en una senda peligrosa y tácticamente equivocada, y esto traería sólo disgustos.

Sugerencia profética, nunca tomada seriamente por Vera, reacio a toda discusión. **Pensaba, en efecto, poseer la verdad, mientras que el adversario estaba en el error.** Había sólo dos métodos para resolver los problemas: **el método de Vera y el método equivocado.**

Con semejante enfoque era imposible evitar los conflictos, o mejor dicho, esa era la manera más apropiada para provocarlos.

Se trataba de un **cristianismo de choque**, cuyo autor no era Vera, pero sí uno de sus más prominentes paladines.

Ofensiva mayor

Jacinto Vera y Juan José Brid son los protagonistas del nuevo enfrentamiento. Sería difícil imaginar dos personalidades con caracteres más opuestos.

El primero era el portaestandarte de los jesuitas, moralmente intachable, serio, trabajador, exigente; el segundo, el paladín de los masones liberales, exuberante, vividor, disoluto y licencioso.

El nombramiento, en 1857, de Brid como cura párroco de Minas, por parte de José Benito Lamas, suscita perplejidades, por el hecho de que Vera lo definirá, dos años más tarde, "**indigno no sólo del sacerdocio sino también del nombre cristiano**".

¿Se habrá transformado sustancialmente en ese breve tiempo o se habrá simplemente quitado la piel de cordero, para mostrar su verdadera naturaleza de lobo?

La elección de Vera al cargo de Vicario Apostólico había provocado el terremoto de la renuncia de Estrázulas al curato de la iglesia

Matriz, y el nombramiento de Brid para la misma por parte del estólido provicario Fernández.

Los masones que habían perdido la partida del vicariato, con su candidato Estrázulas, sin saberlo habían conseguido una victoria explosiva con la asignación de Brid a la primera parroquia de la república.

Vera se había forjado la ilusión de haber conseguido un cambio en la conducta moral de Brid durante los primeros ejercicios espirituales. Pero, por confesión del mismo, durante la segunda tanda, no se le notó ningún cambio.

En efecto, este hombre, "sumamente inmoral, habituado por muchos años en una vida licenciosa", había vuelto "a sus deslices", desplegando "un lujo excesivo" y haciendo "alarde públicamente de su inmoralidad".

El vicario, al describir la conducta inmoral del párroco, nunca baja a detalles, pero por otra fuente, se puede entrever algo más específico.

El joven sacerdote francés, Jean Carmel Souverbielle, en una carta muy confidencial a Pío IX, escribía: "Se le acusaba [a Brid], muy públicamente y de una manera que no dejaba duda alguna sobre la verdad del hecho, que había llegado al punto de hacer ruborizar por pudor a jovencitas, dentro del mismo santuario con sus miradas, palabras y gestos y que incluso había tocado algunas de ellas, habiendo de esa manera sido apostrofado".

La misma fuente concluía diciendo: "Tenemos en toda su realidad la abominación de la desolación en el lugar sagrado".

Durante la ausencia de Vera, la iglesia Matriz, según la curia, se había convertido en un teatro escandaloso y Brid era el comediante. La celebración de la Misa era un escándalo tan grande, que las personas buenas, y hasta algunas malas, salían de la iglesia, por no soportar tantas abominaciones.

Anteriormente, en ocasión de la expulsión de los jesuitas (enero de 1859), Brid había celebrado con entusiasmo la medida del gobierno, llamando conciliábulos a las reuniones de los curas, que encabezados por Vera habían levantado la voz en contra del malhadado decreto de Pereira.

A consecuencia de esto, había llegado el momento de tomar al toro por los cuernos y cortar con esa ignominia.

No obstante la urgencia de una medida radical (remoción de Brid de la parroquia), Vera, contrariamente a su **carácter** y **método**, eligió **el camino de la amistad y suavidad**.

Con diversas remociones de curas párrocos en su activo, el nuevo Vicario se daba cuenta que el problema Brid, era de difícil solución, por ser éste **senador** de la república, **masón** y muy popular con ciertos elementos caracterizados de la ciudadanía. Cualquier medida hubiera alborotado el avispero.

Con pies de plomo, usando una paciencia admirable y después de haber agotado todos los medios sugeridos por su bondad y amistad, formuló un plan, inofensivo, a primera vista, pero que hubiera podido contener de algún modo "el torrente de ese hombre".

Se trataba del nombramiento de otro cura, que en unión con Brid, desempeñara el ministerio de la iglesia Matriz. La medida fue examinada por el fiscal del gobierno, que pedía clarificaciones sobre la exacta función del sacerdote adjunto. ¿Se trataba de un simple ayudante o de un segundo cura con las mismas atribuciones del primero? En este segundo caso hubieran surgido serios inconvenientes. Habiendo esclarecido Vera el punto, el fiscal no veía ninguna dificultad en la medida.

Cuando parecía que todo se había resuelto, el ministro Arrascaeta pedía nuevamente el parecer del fiscal Tomé. Este determinaba que aunque el nombramiento de un coadjutor a un cura en comisión no se ajustara a derecho, sin embargo se debía pedir la aprobación del gobierno.

Posteriormente, en reuniones confidenciales, el Vicario le había pedido al presidente Berro que despachara el asunto, pero éste, a pesar de sus promesas, dejaba pasar los días y las semanas, sin tomar resolución alguna.

Mientras tanto la prensa y muchos notables de la ciudad desataron una campaña infernal contra la medida del vicario, insultándolo y desprestigiando la autoridad eclesiástica. Juntamente con el cura Brid, se jactaban de que el gobierno jamás hubiera despachado el asunto y se reían de todo y de todos, incluso de Vera.

Este, dispuesto a tolerar cualquier cosa, pero nunca el desprestigio y escarnio de la autoridad eclesiástica, había llegado, después de dos meses de espera, al límite de su paciencia.

El 11 de setiembre de 1861, la curia le comunicaba al gobierno el **cese** que le había intimado a Brid, en el cargo de cura párroco de la Matriz.

El cura exonerado respondía que no podía sacrificar derechos que las leyes le acordaban. Se abstendría de funcionar como tal cura, pero recurriría al gobierno.

Este le pedía a Vera que no innovara nada, y que volviera las cosas al estado anterior. La curia respondía que hubiera deseado aceptar la indicación del gobierno de dejar las cosas en el estado anterior, pero sus deberes de conciencia se lo impedían.

La disputa sobre el derecho de patronato siguió por ambas partes, sin poder llegarse a ninguna conclusión satisfactoria. En el ínterin, la iglesia Matriz permanecía cerrada y el cura Brid se rehusaba entregar las llaves.

El 2 de octubre se le ordenaba a Vera por última vez que repusiera en el día al cura destituido. El prelado contestaba que por deberes imprescindibles de conciencia no podía satisfacer la demanda del ejecutivo.

A raíz de esto, el 4 de octubre, el gobierno le casaba el **exequátur** concedido a su nombramiento de Vicario el 13 de diciembre de 1859. Se consumaba así la primera revolución de octubre, anticipada varias veces por los corifeos de la libertad.

Para una mente serena y sin prejuicios, esta conclusión catastrófica tiene todas las apariencias de incomprensible, ilógica y absurda.

¿Cómo se había podido llegar a ese punto si Berro, el hombre prudente, católico y de mucha ilustración había sido acogido como un Mesías liberador por Vera?

Más incomprensible aun se vuelve la intelección de este desgraciado suceso si se considera la conducta correcta y casi irreprensible de Vera, que había merecido la aprobación total de Marini.

El Vicario había hecho recurso a cualidades, un tanto ajenas a su carácter, como la suavidad, la paciencia, la discusión prolongada. Se podría afirmar que había jugado el mejor partido de su vida, sin extremismos, sin precipitaciones y con guantes de seda.

Frente a este panorama sumamente positivo, nos preguntamos nuevamente: ¿Por qué, entonces, semejante conclusión?

Es evidente que algo había fallado a lo largo y a lo ancho de la controversia. Quisiéramos equivocarnos, pero nos atrevemos a decir que parte de la culpa, descontando obviamente los altos porcentajes atribuibles a los masones y al mismo Brid, recae en Vera.

Durante la desafortunada querella, hay momentos en que afloran claras indicaciones del estado de ánimos de los contendientes. Si la superficie ofrecía una tranquilidad ilusoria, en las profundidades la irracionalidad y las pasiones determinaban desgraciadamente el éxito de la contienda.

Requena había conferenciado largamente con el ministro de gobierno Arrascaeta, y lo había encontrando con mucha **exaltación** contra el Vicario.

De esta y de otras revelaciones (como la del comisionado Castellanos que no quería ni encontrarse en la calle con Vera, y la de Salvador Ximénez en que se escribía que el carácter de Vera adolecía un poco del **puntillo**) se puede deducir la profunda aversión de las autoridades orientales hacia la persona concreta del Vicario Apostólico.

Inexplicablemente, hay personas, que aunque estén equivocadas, por su carácter y modales saben granjearse la benevolencia y admiración de sus mismos adversarios.

Por el contrario, hay otras, que aunque sea sumamente morales y posean la verdad, por su carácter y modales se vuelven antipáticas y repulsivas, enajenándose hasta los mismos amigos. De aquí el dicho: **eres un santo, pero eres un gran tormento**.

Vera pertenecía definitivamente a esta segunda categoría. No tenía los modales y el magnetismo que, por encima de las razones jurídicas o de cualquier otro género (teológico, filosófico, político, etc.), supiera imponer su posición, sin hacerla pesar, o sin humillar al adversario.

Se daba, además, por descontado que por haber nacido y vivido en el campo, como escribía Marini en su presentación al Secretario de Estado, no poseía aquellos modales "**que aumentan el respeto y procuran simpatías**". En pocas palabras, Vera no era ni simpático ni agradable.

Aquí radicaba en parte la explicación de la absurdidad que se había verificado en la destitución del cura Brid.

Desorden institucionalizado

El decreto del 4 de octubre de 1861, había subvertido las reglas de la pacífica convivencia entre el Estado y la Iglesia, instaurando un desorden institucionalizado y alarmando a las conciencias timoratas, con pavorosas consecuencias para el futuro.

De aceptar la convicción del gobierno, la iglesia oriental había quedado acéfala. Burda posición, en concepto de Marini, porque la autoridad de Vera venía del Supremo Pontífice, y sólo él podía limitarla o retirarla. La Iglesia, por lo tanto, ni jurídicamente, ni concretamente se encontraba acéfala, sino que sólo estaba atada, por el poder civil, en el ejercicio de sus facultades.

Jurídicamente tenía su cabeza y concretamente Vera, aun sin poder ejercer libremente sus funciones vicariales, atendía a las necesidades espirituales de los fieles con reserva y precaución, sin descubrirse ninguna medida que tendiese a la averiguación de las provisiones mandadas ejecutar por el provisor.

En algunos círculos capitalinos y entre los mismos eclesiásticos había asomado el temor de un posible cisma, o sea la división en dos de la iglesia. Por un lado los fieles a Vera, y por el otro los seguidores del gobierno con los sacerdotes rebeldes y un posible nuevo vicario apostólico elegido por el ejecutivo.

Obviamente esta posibilidad encontraría enormes dificultades. De elegir el gobierno un nuevo vicario sin la aprobación de la Santa Sede, se enemistaría con la mayor parte del clero y de la población, lo cual comprometería su existencia, descontando que el nuevo jefe eclesiástico no tendría ninguna facultad real.

De recurrir a la Santa Sede para que eligiera a un nuevo Vicario, el gobierno oriental fracasaría rotundamente, por rechazar ésa tan injuriosa proposición.

En conclusión, la probabilidad de un cisma, si era posible en teoría, se volvía impracticable en la realidad.

El único camino, por lo tanto, que les quedaba tanto a la iglesia como al gobierno era el diálogo, el compromiso y volver sobre sus pasos, dejando de lado todo orgullo, susceptibilidad, pundonor herido, resentimientos y aversiones irracionales.

Esta senda de la reconciliación se volvía repugnante para Vera, mientras que para el delegado apostólico se manifestaba con un imperativo absoluto y por su naturaleza de diplomático, como la única a recorrer.

El Vicario Apostólico había agotado todas sus energías y buena voluntad, chocando con una pared impenetrable en el ministro del gobierno y en el presidente. Por falta de flexibilidad y cultura diplomática, Vera experimentaba una sensación de inadecuación y casi incapacidad.

En el fervor de las discusiones, se habían originado aversiones y resentimientos, endureciéndose innecesariamente las posiciones. Todo esto añadido a la aprobación por parte de Roma de su conducta, transmitida por conducto de Marini, al tiempo que le levantaba el ánimo abatido, lo confirmaba en la convicción de estar en lo correcto, tanto en la sustancia como en el método, y que por ende no era necesario cambiar nada.

Vera, de este modo, se escudaba detrás de una sólida armadura de imposible penetración. Cualquiera sugestión de Marini o del gobierno rebotará en ella sin ningún resultado. El Vicario se volverá en el peor enemigo de sí mismo, asumiendo una actitud de mártir y de vencido.

El delegado apostólico, llegará al punto de enfrentarse simultáneamente con dos enemigos, Vera y el gobierno, necesitando todos los recursos y técnicas diplomáticas, para salir victorioso. El camino no fue fácil ni agradable, mereciéndole comentarios nada laudatorios por parte de amigos y adversarios.

Visto que Vera había sido eliminado, con la casación del exequátur, como interlocutor en la ruptura entre Estado e Iglesia, los únicos que podían intervenir para resolver el problema eran el Vaticano, y su representante en el Río de la Plata, Mons. Marino Marini.

Roma distaba mucho de Montevideo, y por lo tanto quedaba eliminada automáticamente. El único al cual se podía y debía recurrir era Mons. Marini.

Ofensiva diplomática

Marini había aprobado y sostenido la destitución de Brid por parte del Vicario y había reprobado, sin medios términos, la medida extemporánea del gobierno.

Con todo, dado ese primer paso de recriminación, impuesto por su conciencia y deber profesional, no se demoró en ello, como había hecho Vera, sino que montó una ofensiva diplomática imponente.

Consciente de la imposibilidad de tener alguna interacción con el presidente Berro, que no respondía ni a cartas confidenciales o escritos oficiales, eligió el método de la comunicación espitolar con el ministro de gobierno Arrascaeta.

Sus amigos montevideanos, como Requena, hubieran preferido su presencia en Montevideo o alguna otra solución, como la renuncia formal de Brid a la parroquia. Esta última le parecía a Marini irrealizable, por la naturaleza rebelde y pertinaz del sacerdote, mientras que la primera no daba ninguna seguridad de éxito, por el contrario, de malograrse, hubiera causado el desprestigio de la Santa Sede en su representante.

Con valentía y sin miedo, Marini sin tocar el problema del derecho de patronato, le hacía ver al ministro lo injusto de la medida tomada contra el Vicario, y el desaire que se le había provocado al Santo Padre.

Intensificando su correspondencia con el ministro, después de haber preparado el terreno con delicadeza, le envió una extensa comunicación, que podría ser definida propiamente "disertación", sobre el derecho de patronato, y su aplicabilidad, en el caso de su existencia, a la realidad uruguaya.

En el medio de esta actividad apologética, un nuevo ministro, Antonio María Pérez, llegaba a ocupar el ministerio de gobierno y relaciones exteriores. Este, después de enterarse del enorme esfuerzo epistolar realizado por Marini con su predecesor, le pedía al mismo que resolviera la lamentable situación de la iglesia nombrando a un provicario.

De aceptar esa "extravagante propuesta" (como la define el delegado en su relación a Roma), se reconocería la validez del decreto del 4 de octubre, cuando él había demostrado que esa medida carecía de fundamento y era nula por defecto.

Le informaba, además, que no tenía facultades para decidir de un modo o de otro y le instaba para que su gobierno retirase el desafortunado decreto.

Es interesante observar como Marini, al tiempo que sostenía con firmeza acompañada de delicadeza los derechos de la Iglesia, no cesaba de recordarle a la parte interesada sus fundamentales deberes como gobierno católico.

Mientras tanto pedía instrucciones de Roma, que llegarán lamentablemente después de la precipitación de los acontecimientos.

Tiempos diplomáticos, tiempos pastorales

"Tempus fugit". Es indudable que la percepción de la marcha del tiempo varía según el estado de ánimo y las circunstancias de cada individuo. Tiempos justos para algunos, se vuelven equivocados para otros.

El hombre que se había prefijado la reforma del clero y la moralización de los fieles debía mirar con dolorosa aprensión la situación escandalosa de la Matriz y la conducta impertinente del sacerdote rebelde Brid y de sus seguidores.

Los meses pasaban y todos se preguntaban cuál sería la mejor manera para terminar con esa insoportable insubordinación. La respuesta más común a ese fastidioso interrogativo era la suspensión "a divinis" del recalcitrante y de sus amigos, que, en opinión de muchos, hubiera sido necesaria desde el principio.

Según Marini, malograda por Vera la primera ocasión, y a esta altura de los acontecimientos (9 meses después del decreto de octubre), **no debía tomarse ninguna medida radical**, porque hubiera sido mirada como una venganza personal o un desahogo de un corazón resentido, produciendo una mayor exacerbación de los ánimos. Se daba por descontado, además, que los rebeldes no hubieran respetado esa decisión, desde el momento que ya estaban tratando irrespetuosamente al vicario y pisoteando su autoridad.

Siempre de acuerdo al delegado pontificio, debía tomarse una medida drástica, pero semejante acción no debía ser llevada a cabo por Vera. La única solución era esperar las deliberaciones de Roma.

Contrariamente a toda expectativa, la curia por miedo a ser tildada de indulgente e incapaz y sobre todo para no **representar un papel ridículo**, emprendió el camino que no se había animado recorrer nueve meses antes.

El 17 de junio de 1862 le intimó al sacerdote Nicolás Aguirreche, otro sacerdote de conducta desarreglada, que se abstuviese de celebrar la misa; al negarse éste, el 20 de junio se le suspendía "in totum" del ejercicio de sus órdenes. Evidentemente el gobierno, molesto por esta acción de la curia, reiteraba su prohibición de ejercer cualquier jurisdicción eclesiástica en el territorio de la Republica.

Impertérrita la curia y siguiendo con su misión punitiva, le ordenó al fiscal eclesiástico Francisco Mayesté que se separara inmediatamente del templo de la Matriz y que no prestara su colaboración al sacerdote rebelde Brid.

Frente a esta nueva acción, el gobierno le pedía al provisor Conde una explicación de lo hecho, y éste le contestaba, como había hecho anteriormente, que había obrado con la delegación expresa del Vicario Apostólico. Se sorprendía, además, que el gobierno le reconociera la autoridad en ciertas deliberaciones y se la negara en otras, como era la presente.

El 11 de setiembre de 1862, Mons. Vera se dirigía privadamente al cura Brid con una meditación templada sobre la dignidad del sacerdocio, la caducidad de la vida y la hora final de la soledad que aguardaba a todo hombre.

Resultados inútiles todos consejos y persuasiones, el día siguiente, 12 de setiembre, la curia comunicaba oficialmente al clero y a los fieles que se le había ordenado a Brid de entregar las llaves de la Matriz, en el plazo de 24 horas, bajo las penas eclesiásticas más severas.

Este, en lugar de prestar oído a su superior, remitía las llaves del templo al ministro de gobierno y relaciones exteriores, pidiéndole que revocara "por imperio contrario" la injusta y arbitraria orden de su prelado. Es superfluo decir que esta fue la última gota que hizo rebosar el cántaro.

El 13 de setiembre se dictaba la providencia extrema: Brid quedaba suspendido "in totum" en el ejercicio de sus órdenes sacerdotales.

Después de las primeras amenazas, el gobierno aparentó desistir de todo acto violento. Consultó a ocho doctores y, cosa sorprendente, empezó a solicitar arreglos.

Por la aversión que se le tenía a la persona del Vicario y por no ser reconocido éste como interlocutor válido, el gobierno usó un intermediario en la persona del coronel Moreno.

En un principio Vera demostró buena voluntad, estando dispuesto a cualquier concesión menos a la reposición de Brid. Todo daba la impresión que en breve tiempo se habría llegado a un arreglo definitivo. Pero, en un segundo momento, el Vicario no estaba más dispuesto a concederle al gobierno intervención en la destitución de los curas interinos, como era de praxis.

En los diversos proyectos de arreglo que se siguieron, si Vera hubiese sido un negociador agudo y hábil, probablemente hubiera podido salir del apuro con la reposición de las cosas en el estado que tenían antes del 11 de setiembre (formula adoptada en los conflictos anteriores), excluyendo obviamente la rehabilitación de Brid.

Desgraciadamente la inflexibilidad e inhabilidad del Vicario, juntamente con la furiosa oposición de Jaime Estrázulas, vuelto a ocupar el ministerio de relaciones exteriores, frustró toda esperanza de arreglo.

El 6 de octubre se convocaban a los señores Vera y Conde y se les intimaba que se abstuvieran de ejercer cualquier jurisdicción eclesiástica en el territorio de la República. La rotunda negativa de los dos eclesiásticos les provocó el decreto del 7 de octubre de 1862, que se hizo efectivo casi inmediatamente, por haber el vicario tomado la última medida extrema contra el fiscal eclesiástico Mayesté, por su insubordinación. A las seis de la tarde del 8 de octubre, bajo una lluvia torrencial, dejaban el puerto de Montevideo en el vapor *Salto*, para la capital argentina, Buenos Aires, en donde transcurrirían el período de su destierro y desde donde dirigirían de una manera oculta los negocios eclesiásticos orientales.

Hay que tomar acto que ambos contendientes habían usado prudencia y paciencia para llegar a una conclusión satisfactoria. Vera había esperado por un tiempo más que razonable, tratando de usar la persuasión, hasta el último minuto, con el insubordinando Brid. Había pedido y escuchado el parecer de muchas personas cualificadas, pero, desafortunadamente, había desatendido, por desconfianza quizás, la voz y el parecer de la única persona, Marini, que hubiera podido sacarlo del embrollo, en el cual el mismo se había metido.

El gobierno por otra parte, por medio de un intermediario, le había ofrecido al Vicario el diálogo y la posibilidad concreta de volver las cosas al estado anterior, sin exigir la reposición de Brid. Pero la inflexibilidad de Vera y las intemperancias del ministro Estrázulas ahogaron toda posibilidad de arreglo, precipitando el desenlace fatal. Ambos habían hecho lo imposible, pero ambos habían olvidado algo importante: Vera el consejo y parecer de su superior, Marini; Estrázulas, la temperancia y la moderación.

En la historia eclesiástica del Uruguay se habían registrado insubordinaciones y divisiones en el seno de la iglesia, pero ninguna podía compararse con la presente, que por su desfachatez e impudencia había superado todas las anteriores.

En la convicción de Vera, no se trataba sólo de descaro y desvergüenza impertinentes, sino del peor pecado posible a los ojos de Dios. La gravedad de esta ofensa sobrepasaba a la del pecado original, y se inscribía en la categoría del pecado supremo y último, cometido por Lucifer, el ángel rebelde, que por su orgullo e insubordinación, había creado los dos mundos, el del bien y el del mal, instaurando una lucha eterna entre ambos.

Por lo tanto, no había nada peor que la desobediencia orgullosa de un eclesiástico a su prelado. La conciencia de Vera, extremadamente sensible por su educación jesuítica, jamás le hubiera permitido transigir en este campo. El contemplar su autoridad pisoteada y ridiculizada le había provocado una herida, que difícilmente se hubiera marginado, a menos que el pecador arrepentido se hubiese humillado y aceptado con contrición las penas impuestas. La historia nos dice que esto no se verificó, dejando una amargura enorme y una desazón incalificable en el corazón del prelado montevideano.

Desconcierto cósmico

Semejante subtítulo tiene todo el sabor de exagerado, pero éste y no otro era el sentimiento de la población montevideana, que había contemplado impotente su pequeño universo derrumbarse bajo sus ojos.

Si había habido alguna vez una perfecta convergencia de elementos naturales y humanos ésta se había verificado en el destierro cruel y antijurídico de Vera, en donde el cielo había unido sus lágrimas con las de los fieles emocionados.

Yendo más allá de la irracionalidad emotiva, nos preguntamos qué habían conseguido los contendientes con sus medidas draconianas.

Vera, había reafirmado, pagando con su propia subsistencia como autoridad, el principio legítimo del prelado de remover los curas interinos sin aprobación del gobierno.

Si por un lado salía como vencedor, aunque desterrado, y con la aureola de mártir, por el otro, había fracasado en el intento más importante, que era reducir los rebeldes a la obediencia. Estos últimos, si bien suspendidos "in totum a divinis", y con el templo mayor en entredicho, continuaron a rezar misa y administrar los sacramentos, burlándose de la autoridad y causando un escándalo, con consecuencias deletéreas.

¿Era este el precio que verdaderamente se debía pagar, por no tener la valentía de aconsejarse con el delegado apostólico y por no tener la paciencia de esperar las deliberaciones de Roma?

El Gobierno, por su parte, que había combatido su batalla en el campo jurídico, reafirmando la tradicional posición de intervención en cualquier decisión eclesiástica, había perseguido solapadamente, por obra de sus ministros masones, otra finalidad mucho más importante: eliminar la corriente ultramontana y jesuita en la conducción de la iglesia oriental. Con el destierro, sin juicio, de Vera y Conde, había conseguido su objetivo.

Pero aquí también el precio que se había pagado había sido muy elevado. En primer lugar se habían pisoteado las leyes de la nación, que no permitían, sin previo juicio, desterrar a ningún ciudadano. En segundo lugar, el gobierno, se había merecido el repudio y condena del nuncio apostólico. Finalmente, había logrado unir a la mayoría del clero fiel alrededor de Vera y, lo que era peor, indisponer a la gran parte de la población, sobretodo en la campaña.

Con una impopularidad creciente y con una aversión generalizada ¿tenía todavía sentido la denominación de gobierno democrático?

En un principio, los dos, cegados por sus propias pasiones e ideologías, seguirán impertérritos en su senda, que los llevaría inevitablemente al endurecimiento de las posiciones, cayendo en un precipicio, del cual parecía imposible salir.

Berro y sus ministros, que de labios afuera ostentaban seguridad y petulancia, en su interior sentían que el suelo estaba cediendo bajo sus pies. Para contrarrestar cualquier efecto desagradable de desobediencia en masa por parte del clero o de sublevación por parte de la población, montaron un imponente despliegue de fuerzas, con movimientos de tropas, pasando de las amenazas de destierro o encarcelamiento, a la persuasión por medio de convocaciones de sacerdotes y sobretodo con la propagación de noticias falsas.

No obstante este esfuerzo, el gobierno no consiguió ni la sumisión del clero, que en la reunión del Fuerte había protestado contra las arbitrariedades del ejecutivo, ni el respeto y reconocimiento de su nueva administración eclesiástica, encabezada por el estólido provicario Juan Domingo Fernández, nombrado con el mismo decreto que había consagrado el destierro de Vera.

Numerosas protestas de personas cualificadas y gente humilde le llegaban a diario al presidente, a los ministros y al gobierno **"títere"** de Fernández.

Marini protestó duramente contra la medida gubernamental y le reprochó severamente a Fernández el haber aceptado el cargo de provicario.

Vera, apenas se enteró de la aceptación del cargo por parte de Fernández, le mandó una carta en la que se ponía en entredicho a la iglesia Matriz y se le recordaban al intruso las penas canónicas reservadas a los que aceptaban de la autoridad civil una investidura eclesiástica. En una pastoral para el clero y los fieles, el vicario desterrado, exponía los motivos de su decisión, los ponía en guardia contra las maniobras del ejecutivo, y los animaba a mantenerse fieles.

Tales documentos, impresos secretamente, empezaron a circular en la capital el 22 de octubre de 1862. El día siguiente, el gobierno intervenía prontamente, enviándoles una circular a todos los jefes políticos de los departamentos para que secuestrasen la pastoral y la carta al provicario.

Vera, presintiendo su destierro y antes de dejar el suelo oriental, había instalado una especie de curia secreta, compuesta por los hermanos Inocencio y Rafael Yéregui, el primero de provicario y el segundo de secretario, con la ayuda, en ocasiones especiales del presbítero Martín Pérez.

Rafael Yéregui, se convirtió para el vicario, en la fuente diaria de información sobre los acontecimientos capitalinos y nacionales, y más aun se constituyó en el principal intérprete de los mismos con una óptica reducida y parcializada.

De esta manera, el vicario proveía al bien espiritual de sus fieles, obrando con mucha previsión. En los casos normales y sin urgencia, los dos hermanos debían recurrir a él, que quedaba la única autoridad legítima.

El 27 de octubre, Vera incansable, preparaba una segunda pastoral, en la que se recriminaba la persistencia en los malos pasos del intruso gobernador, que no se había detenido ante el cisma y había violado el entredicho de la Matriz. Nombrando además a los pocos satélites (unos cinco o seis sacerdotes) de la nueva curia afecta al gobierno, los advertía que, de persistir en su conducta, hubieran incurrido en la suspensión total "a divinis".

Mientras tanto la campaña de desinformación, hábilmente conducida por los órganos de prensa masónica y gubernamental, no perdonaba a nadie de los protagonistas eclesiásticos. Si para la curia clandestina era relativamente fácil comprobar lo fehaciente sobre lo que se decía del vicario, le resultaba imposible apurar la verdad de lo afirmado con respecto al nuncio apostólico.

Sobre él hacían circular hechos y dichos, verdaderos engañabobos y patrañas, tendientes a soportar la posición del gobierno y a desprestigiar la autoridad de Vera. En un inicio podían sembrar cizaña y confusión en las mentes más crédulas, pero con el tiempo y la insistencia llegaron a embaucar a los más avisados.

La intensa actividad epistolar del nuncio era conocida sólo por el gobierno y por algunos íntimos amigos de Vera, como Requena. Ambos eran bien conscientes de las protestas enérgicas y sin ambigüedades del representante pontificio contra la conducta de Fernández y las medidas del gobierno. Sin embargo, este último se permitía hacer correr rumores sobre el abandono del Vicario por parte de Marini y peor aun, que el delegado se había concertado con el gobierno para desterrar a Vera y nombrar en su lugar a un gobernador eclesiástico en la persona de Domingo Ereño, con prescidencia del Vicario.

La prescidencia del Vicario, el desconocimiento de su autoridad, daban en la tecla más sensible del carácter de Vera, y lo harían estallar en chispazos de cólera. Su desconfianza congénita hacia los tejemanejes diplomáticos unida a la aversión que se había originado a raíz de su nombramiento añadía leña al fuego de su ira.

Sin ser un bobo fácil de engañar, ni un crédulo proclive al embaucamiento, Vera estaba cayendo insensiblemente en la trampa tendida por sus adversarios, como muchos otros eclesiásticos y personajes distinguidos orientales.

El presidente Berro, que por medio de sus ministros había recrudecido las medidas de represión y desinformación, no subestimaba la oposición que se estaba volviendo peligrosa. Más juicioso de los que lo rodeaban, pasará a la fase positiva de su acción, nombrando una comisión para que se encontrara en Buenos Aires con el delegado pontificio y resolviera la situación irregular de la iglesia oriental.

Posteriormente, como si quisiera lavarse las manos frente a los católicos, destituía a su entero gabinete ministerial, con gran regocijo de la población. Enigmático, como siempre, y sin inculpar a nadie, emprendía la única senda que hubiera llevado a la solución del conflicto o sea la negociación y el dialogo.

Vera, a diferencia de Berro y sin la ilustración necesaria para los aspectos políticos de su oficio, se mantendrá obstinadamente en la actitud punitiva de los culpables, y de no colaboración con el adversario. Más aun, expresará el ferviente deseo de que fracase todo negociado, y él pondrá todo su empeño para que eso suceda.

A Berro no le faltaban razones para lanzar una negociación diplomática: la nueva curia eclesiástica, sin ninguna autoridad real, era el hazmerreír de todos, el malhumor de la población no disminuía, el clero vociferaba cada vez más fuerte su disconformidad, y el general Flores, en la vecina orilla, tenía un motivo poderoso para una invasión.

El 27 de octubre se le comunicaba a Florentino Castellanos, jefe de las logias uruguayas, el encargo del gobierno de encabezar una misión confidencial diplomática ante el delegado Marini.

El enviado uruguayo, según la voz que se hacía correr, contaba con bolsillos llenos de argumentos irresistibles, destinados a Mons. Marini, quien, con gran sentimiento de las almas piadosas, parecía no ser absolutamente incorruptible. Semejante rumor, llegado a los oídos del delegado, no sólo lo indispuso frente a los comisionados uruguayos, sino que excitó su justo desdén e indignación.

Los jactanciosos hombres de Berro llevaban además en sus carteras una recomendación del representante francés en Montevideo, y el respaldo incondicionado del presidente argentino, que se había ofrecido a mediar entre los dos.

En el caso de que las municiones mencionadas no hubieran surtido el efecto deseado, las instrucciones secretas que llevaban, hubieran sin duda doblegado cualquier resistencia.

Estas eran un amasijo de exigencias, amenazas y advertencias. La primera amenaza consistía en casarle "in totum" el exequátur, aun como agente diplomático, en el caso que hubiese desconocido abiertamente las regalías nacionales. No se hubiera detenido en eso el gobierno uruguayo, sino que hubiera presionado con ulteriores amenazas de matrimonios civiles y separación entre estado e iglesia. ¿Quién no hubiera temblado y depuesto las armas en presencia de semejante carga arrolladora?

Las diversas exigencias se reducían fundamentalmente a una sola: el reconocimiento por parte de Marini del gobernador eclesiástico Jun Domingo Fernández.

En cuanto a las advertencias, se le recordaba al delegado pontificio su posición como diplomático. Era simplemente un enviado de tercera clase que se mandaba a los estados pequeños. Marini, como delegado, se encontraba aun en una clase inferior, pues apenas podía compararse a los encargados de negocios.

Puesto al delegado en su lugar, se pasaba a la reseña de los últimos esfuerzos hechos por el gobierno oriental antes del destierro del Vicario. Subrayándose la magnanimidad y disponibilidad del gobierno, se acentuaba la posición arbitraria e incomprensible de Vera, que en presencia de la fórmula número cinco había afirmado que era aceptable, pero que él no podía aceptarla por no haber dado cuenta de su procedimiento al delegado.

El comisionado Castellanos, así pertrechado, manifestaba la convicción de que procediéndose con firmeza y energía hubiera triunfado y Vera se hubiera convertido "en el pavo de la boda".

Con una ligereza, ajena a toda seriedad diplomática, Catellanos y Sagastume, enviados orientales, habían primero calumniado al nuncio, con la acusación de ser corruptible, y segundo ridiculizado al Vicario de Montevideo, sacrificándolo como un pavo en el altar del arreglo.

En los dos campos se respiraba un aire totalmente diverso: por un lado petulancia, arrogancia y seguridad; por el otro, la certeza de que la negociación tendría pocos días de vida fracasando miserablemente.

Frente a un panorama, tan poco prometedor, en donde las dos formaciones ostentaban intereses encontrados y antitéticos, ¿qué posibilidades tenía el veterano diplomático pontificio?

Una misión, iniciada bajo semejantes auspicios, no prometía ni una vida fácil ni un éxito honroso.

Diplomacia y pertinacia

Los objetivos del gobierno oriental, nunca consignados en ningún papel oficial, como ya se mencionó anteriormente, ni propagados de manera descubierta se reducían a la eliminación de la línea oscurantista y ultramontana de Vera, imponiendo un candidato más in sintonía con los tiempos, y la reafirmación del derecho de intervención del gobierno en los negocios eclesiásticos.

Todas las batallas libradas, cualquiera fuese su denominación oficial, se reducían a este común denominador, que daba sentido y explicación última a la variedad de maniobras emprendidas por el gobierno y su comisionado.

Por su parte, también Marini tendrá su objetivo, que sin ser trompeteado a los cuatro vientos, quedará claro e inconmovible hasta el fin: preservar los derechos de la iglesia, y salvar la autoridad del vicario desterrado. Ningún evento, por contrario que fuese, y ninguna persona, por hostil y adversa que fuese lo apartará de su camino.

Hecha esta aclaración, necesaria para la intelección del intricado recorrido diplomático, se pasará a la exposición sumaria de los acontecimientos.

La cacareada misión Castellanos, en expresión de Rafael Yéregui, salía eufórica y jactanciosa de la ciudad de Montevideo el 31 de octubre de 1862.

El 13 de noviembre, Marini, que había tomado residencia en Buenos Aires, dejando definitivamente la ciudad de Paraná, se encontró por primera vez con los comisionados uruguayos.

El inicio de las conversaciones no fue nada fácil ni prometedor, exigiéndose por un lado la confirmación del nombramiento del gobernador eclesiástico en la persona de Fernández, y repudiándose totalmente, por el otro, el acto arbitrario e injusto del destierro.

En semejante terreno de opuestas exigencias, ninguna negociación favorable hubiera podido prosperar, y ningún negociador serio hubiera podido abrigar alguna esperanza de suceso.

Para salir de ese atolladero, los abogados uruguayos imploraron los buenos oficios del presidente argentino Mitre, quien designó a los ministros Dalmacio Vélez Sársfield y Eduardo Costa para una mediación confidencial.

Mons. Marini, les hizo conocer, en una conversación larga pero de tonos moderados, que estaba únicamente autorizado a pedir la revocación del decreto con el que se le impedía a Vera el ejercicio de su legítima autoridad eclesiástica.

Después de dos días, los mencionados mediadores volvieron con un plan de "**conciliación**", que fue totalmente rechazado por el delegado apostólico. Entonces, bajo la insistencia argentina para que se presentara un contraproyecto, Marini **juntamente con Vera**, concordaron algunos puntos básicos, que, como se preveía, fueron rechazados.

En vista de este resultado, los ministros argentinos, dieron por concluida su mediación, de lo que se alegró no poco el representante pontificio.

Mientras tanto el vicario de Montevideo se encontraba en una posición bastante incómoda y desagradable, por no poder participar personalmente en las conversaciones, debido a la aversión radical del comisionado uruguayo hacia su persona. Ese ostracismo, tan humillante, fomentará en él una desconfianza hacia todos, incluso Mons. Marini, y una mentalidad de perseguido y mártir.

Semejante estado de ánimo asumió las características típicas de una psicosis no tanto afectiva (aunque ésta no se pueda excluir totalmente), cuanto criteriológica, inhabilitándolo a la formulación de juicios equilibrados. Desconfiaba, en efecto, de todos y veía enemigos y traidores en todos los recovecos.

El presidente Berro, que en un primer momento había significado, para Vera, una especie de "salvación mesiánica", ahora se había convertido en un hombre de "perversas intenciones", que quería "esclavizar a la Iglesia" eligiendo a ministros miembros "del masonismo y de la impiedad". La terquedad de Berro y sus secuaces era considerada como un desahogo personal contra Vera, quien entreveía en las intenciones del presidente "un gran plan de destrucción de la religión y de toda moralidad" en su amada tierra oriental.

Con este enfoque, Vera contemplaba el cielo azul empequeñecerse sobre su cabeza y volverse amenazador, y la puerta, para cualquier solución, cerrarse irremediablemente delante de sus ojos.

En la medida en que se presente una oportunidad, durante el desarrollo del negociado, se profundizará esta faceta de la personalidad del Vicario, por encerrar una valiosa clave de interpretación de su acción.

En la conferencia del 21 de noviembre con los comisionados argentinos, Mons. Marini había adelantado una idea que se revelará revolucionaria, en el verdadero sentido de la palabra. Había, en efecto, adelantado como una mera posibilidad, la delegación de Vera en una persona del agrado del gobierno.

Esta espada de doble filo, desatendida por los argentinos, y resistida por el Vicario en lo referente "a la aprobación del gobierno", al tiempo que pulverizaba las quince páginas de las instrucciones uruguayas, abría un camino totalmente inexplorado.

El proyecto de nombrar a un delegado cobró consistencia en un tiempo relativamente breve, sembrando pánico y recelos. Los que habían predicho un arreglo rápido, caricaturizando a Vera como "el pavo de la boda", adelantaban ahora el nombramiento de un delegado con **total prescidencia del Vicario.**

Siguiendo con la técnica propagandista de sembrar confusión en el adversario, el comisionado uruguayo, con sus rumores insinceros y fanfarrones, logró una vez más reforzar la actitud recelosa y suspicaz tanto en Vera como en sus admiradores, sosteniendo la existencia de una colusión entre el delegado pontificio y los abogados uruguayos.

Aunque el Vicario, en sus conversaciones con Marini, hubiese convenido, como último resorte, en el nombramiento de un delegado con todas las restricciones del caso, ahora, frente a los rumores de las malas lenguas, calificaba el posible arreglo de "lindeza y extravagancia". Jamás hubiera aceptado algo hecho a sus espaldas y, peor aun, contra su voluntad.

Los enemigos de la Iglesia estaban consiguiendo su objetivo, el de endurecer a Vera en su posición, y de enfriar su trato con el representante de la Santa Sede.

Otro rumor que estaba circulando y que irritaba enormemente al Vicario, era su secreto entendimiento con el general Flores, para derrocar al gobierno de Berro y restablecer la legítima autoridad eclesiástica. El desmentirá categóricamente esas patrañas, afirmando que la causa de la Iglesia no se sostenía con armas. A pesar de haber sido desterrado por el partido blanco que estaba en el poder, sus convicciones sobre la autoridad legítima no variaban.

En el torbellino de esta batalla de desinformación, el presidente argentino Mitre le significó a Marini su sentimiento por el retiro de sus ministros e indirectamente se ofrecía como nuevo intermediario. El delegado, que representaba también los intereses de la Santa Sede ante el gobierno argentino, no pudo negarse y, para no disgustarlo, le aseguró que se prestaría a un arreglo, lo más liberal y honorable para el gobierno uruguayo, si dependiese de él. Por el momento no tenía ninguna autorización; estaba, en efecto, esperando las instrucciones de Roma.

El 2 de diciembre se efectuó la conferencia de Mons. Marini con el presidente Mitre. De este encuentro emergen unos detalles muy reveladores sobre lo que había ocurrido entre el representante pontificio y el Vicario de Montevideo. Según el primer mandatario argentino, el único obstáculo para un arreglo era la **mala voluntad** de Mons. Vera.

Esta tenía su explicación en el hecho de que el delegado apostólico le había reprochado severamente al Vicario los últimos actos que había llevado a cabo antes del destierro, entre ellos el entredicho de la iglesia Matriz, la suspensión "a divinis" de Mayesté y de los otros curas rebeldes.

Según siempre la misma fuente autorizada, el diplomático pontificio se habría arrepentido de haber recomendado para la Vicaría al Padre Vera, **"pues era una persona ignorante y terca, en cuyo fondo se veía claramente germinar las ideas de la venganza"**.

Toda esta revelación confidencial no sólo es verosímil, pero está en perfecta armonía con la línea que el delegado Marini le había trazado al Vicario, sugiriéndole que la medida de la suspensión de los insubordinados debía ser tomada, pero no por él, porque hubiera dado la impresión de una venganza personal.

En ningún documento, sea de Marini que de Vera, se relata la susodicha reprimenda. Marini, por ser un diplomático serio, rehuía los chismes en documentos oficiales. Vera, por su parte, aunque se desahogara con amigos, hermanas religiosas, etc., del mal trato recibido del delegado, nunca bajará a detalles, que además de ser afrentosos, lo hubieran ciertamente comprometido.

No es difícil comprender el estado de ánimo del Vicario y su progresiva desconfianza frente a esta cadena de afrentas: insubordinación jactanciosa de los sacerdotes rebeldes en Montevideo, el destierro injusto, la descarada ridiculización del comisionado uruguayo, la represión de su conducta por parte de su superior y, en fin, la ignominiosa exclusión de la negociación.

Su descontento, su recelo y su oposición a cualquier arreglo y a cualquier mediador se patentizarán día tras día con manifestaciones de frialdad y actitudes casi irrespetuosas hacia su superior. Tanto es así, que el presidente argentino Mitre, estimaba que fuera necesaria la intervención del obispo porteño, Mons. Escalada, para suavizar el comportamiento de Vera hacia Mons. Marini.

De poseer únicamente las fuentes filoverianas y de la delegación pontificia, se podría fácilmente caer en la trampa, que ya había inmovilizado a Vera, o sea que Marini había sido seducido por los enemigos del Vicario y que hipócritamente lo estaba vendiendo por pocos denarios.

Por el contrario, de la documentación oficial uruguaya, aparece un representante pontificio que de ninguna manera se doblega frente a las caprichosas demandas orientales, y que lucha hasta la última sangre para eliminar las resistencias de Montevideo, quebrar la pertinaz oposición y las angulosidades caracterológicas de Vera, y alcanzar una solución honrosa para todos.

El 3 de diciembre, el comisionado uruguayo, volvió a reunirse con Marini en el palacio del obispo bonaerense. Para no fantasear en discusiones inútiles, el arzobispo de Palmira estableció como bases de todo arreglo que Vera debía reconocerse como vicario apostólico y que el mismo debía tener participación en la conciliación. Superada la fuerte repugnancia oriental, Marini presentó el contraproyecto, en tres artículos, que había sido rechazado por los mediadores argentinos. Castellanos y Sagastume conferenciaron algunos días con el delegado sobre esos artículos, llegando a su aceptación, después de algunos cambios no sustanciales.

Terminadas las consultaciones, el nuncio mandó a su secretario a la casa de Vera, con los resultados de las mismas. El vicario, notada una diversa redacción de la acordada con anterioridad, pidió el proyecto para examinarlo detenidamente.

Delante de esa exigencia, el delegado pontificio se sintió profundamente ofendido, porque el Vicario seguía exhibiendo una desconfianza de nacimiento hacia su persona y por eso se rehusó satisfacer esa exigencia injustificada para él y razonable y legítima para el otro.

A este punto las dos personalidades, cuya animosidad había crecido con paso más acelerado de la negociación, estallaron en una explosión de insultos y recriminaciones, magnificada por los adversarios, que se regocijaron enormemente, y reducida a las mínimas proporciones por los protagonistas.

En versión de Vera "De esto provino el cambio de palabras menos comedidas entre mí y el Sr. Nuncio y me separé de su presencia con enojo y resuelto a retirar mis bases".

En los momentos críticos se revelan las personalidades y sus caracteres. En esta ocasión, más que en las anteriores, Vera revela sus aspectos más negativos con una nitidez y claridad meridiana. Su desconfianza paranoica, su rudeza en los modales y su orgullo, contrabandeado bajo formas de firmeza y fidelidad a los derechos de la Iglesia, lo llevan a los insultos, a la rebelión y a la ruptura.

Cuando Marini tenía buenas razones para esperar en una posible solución del conflicto, se debía enfrentar con el enemigo más peligroso, que en lugar de facilitarle el camino se empeñaba, con pertinacia obstinada, en el malogro total del negociado.

Frente a semejante reacción, que encerraba todos los caracteres de irracional, el delegado apostólico comprobó en carne propia lo antipático y desagradable de la personalidad del Vicario, que le había merecido la aversión del gobierno y enajenado los ánimos de los intelectuales.

Cualquiera se hubiera desanimado, echando al diablo proyectos y personas, no así el diplomático Marini. Este, dejando de lado sus sentimientos personales, su sensibilidad herida y la ofensa de su subalterno, haciendo caso omiso de las deformaciones que se estaban tejiendo en la opuesta orilla sobre la sustancia del arreglo y el contenido del desafortunado altercado, fue el primero en dar marcha atrás y ofrecer un ramo de olivo.

Antes de seguir con el desarrollo de los acontecimientos, vale la pena detenerse un poco sobre la postura de Vera, reveladora de una personalidad dura e intransigente consigo mismo y con los otros.

A un amigo que le había hecho notar los sentimientos que había causado en el nuncio, el Vicario impertérrito, le respondió que todas las veces que Marini lo hubiese tratado de la manera en la cual lo había tratado, volvería a hacer lo mismo, sin arrepentimientos o añoranzas.

Sin miramiento o recato alguno, el Vicario se desahogaba con sus amigos, tanto en Buenos Aires, como en Montevideo y Roma, del mal trato recibido del nuncio, y de sus sospechas sobre la hipocresía y doble juego del mismo.

De una manera sorprendente logró indisponer o crear serias dudas hasta en las personas del calibre de Requena, y de autoridades vaticanas. Más tarde el ilustrado jurisconsulto montevideano se retractará, afirmando que el nuncio se mostraba "siempre consecuente", pero era demasiado tarde. El daño estaba hecho, y el nuncio se había vuelto, hasta para los más católicos entre los católicos, una persona hipócrita y traidora que había abandonado los intereses de la Iglesia y favorecido a los enemigos de la misma.

Vera, convencido de la rectitud de su posición, con una conciencia tranquila y sin remordimientos, se librará al juicio de la historia, que en su opinión, lo vindicaría totalmente, transformándolo en un caballero sin mancha.

Desafortunadamente no estaba lejos de la verdad y de lo que el destino histórico le estaba deparando, favoreciendo a los ineptos y castigando a los merecedores. Hasta los más duchos en la interpretación y predicción de los acontecimientos quedarán pasmados por el camino torcido de una justicia histórica verdaderamente ciega.

Esta última observación nos adelantaría a los eventos, que serán caracterizados por una accidentalidad asombrosa y que se examinarán más adelante.

Volviendo al desarrollo de la negociación, el nuncio "con muy buena voluntad y prontitud", según la versión del Vicario, le mandó una copia del proyecto. Examinado por diversas personas, amigas de Vera, "nada se encontró de alteración en lo sustancial, sino diferencia en la redacción".

A este punto el Vicario, hubiera tenido que cambiar de opinión y disculparse por su actitud sospechosa y desconfiada. Lejos de eso, asumió una postura más arrogante y de triunfador, como si él y no el nuncio hubiese llevado a buen término aquella escabrosa negociación.

Después de haber prestado su consentimiento al proyecto se atreverá a decir: "Si es aceptado por el Sr. Berro, principiará el verdadero triunfo de la Iglesia". Nuestro protagonista siegue usando una fraseología, típica de cierta mentalidad, en donde hay sólo vencidos y vencedores, humillados y exaltados, destrucción y vida. Con los enemigos, no se dialoga, no se llega a un entendimiento, no se elaboran compromisos, sino que se los humillan y se los elimina.

Dado este comportamiento orgulloso y altanero ¿cómo era posible granjearse la simpatía o benevolencia ajena? A Vera no le interesaba la popularidad o la aceptación, él luchaba por la verdad y por la Iglesia que era la verdad. Estos valores absolutos no aceptaban negociaciones, requerían sólo imposiciones. ¡Cuan lejos se encontraba de la postura de sus interlocutores!

Retomando la trama de la negociación, el 9 de diciembre, nos encontramos con Vázquez Sagastume, que de regreso a Buenos Aires, presentará las exigencias y preocupaciones del presidente Berro.

El mandatario uruguayo, si bien urgido por las circunstancias, no estaba dispuesto a concluir un arreglo que hubiera sacrificado parte de sus derechos o que se hubiera basado en una posición jurídica tambaleante del nuncio. Exigía, por lo tanto, dos cosas fundamentales, primero que se postergara la discusión sobre los derechos que cada uno reclamaba para sí en las cuestiones eclesiásticas (o sea "que no se innovara nada") y segundo que se estableciese el carácter y posición de Mons. Marini, que por un lado afirmaba no tener facultades para un arreglo, porque estaba esperando las instrucciones de Roma, mientras que por el otro sostenía que la consulta hecha con Vera sobre el proyecto, en nada disminuiría su autoridad para concluir la negociación.

Fundamentalmente Berro tenía una sola preocupación, que por supuesto parecía legítima, conocidos los antecedentes. Quería asegurarse que detrás del acuerdo definitivo hubiese una persona de confianza, capaz de garantizar la supervivencia del mismo. En pocas palabras, no confiaba en Vera, que hubiera podido dar marcha atrás en cualquier momento y quería tener seguridades de parte del nuncio del cumplimiento de lo que se hubiera firmado, sobretodo cuando se llegaba al punto del nombramiento de un gobernador eclesiástico. Este no debía ser revocado por una acción unilateral del Vicario.

Todos estos temores del presidente se revelarán fundados, por la actitud errática y enojosa de Vera.

El comisionado uruguayo, después de haber recibido las promesas más solemnes por parte de Marini, el 18 de diciembre de 1862, firmaba los cinco artículos del proyecto de arreglo. Faltaba ahora la aprobación por parte de Berro.

El Vicario de Montevideo, mientras tanto, le comentaba a su amigo jesuita Sató: "La novedad que hoy presenta el proyecto lejos de desagradarme, me es satisfactoria".

El presidente oriental, después de haber examinado el documento final, al tiempo que quería algunas aclaraciones, exigía ciertas modificaciones. Marini, como era de esperarse, rechazó la idea de cualquier modificación, temeroso de incurrir en las iras de Vera, que se volvía belicoso y paranoico al solo oír la palabra "cambio".

Después de algunos días de discusiones, entre el comisionado oriental y el delegado pontificio, en las cuales se había llegado al casi rompimiento total de la negociación, (lo cual hubiera agradado inmensamente al Vicario, pero que asustaba a los dos interlocutores, por las nefastas consecuencias que hubiera traído), y después de haber comprobado la imposibilidad de obtener todo lo que se quería, se bajó a un compromiso.

Finalmente el 3 de enero de 1863 se firmaba por ambas partes en Buenos Aires el acta final de lo que podía denominarse el primer paso hacia una reconciliación.

Los problemas hubieran surgido, en opinión de Marini, al momento de elegirse el gobernador eclesiástico. En efecto, él jamás hubiera aceptado para ese puesto a algún sacerdote rebelde, y el gobierno, por su parte, jamás hubiera reconocido la elección de un sacerdote, perteneciente al bando opuesto.

Durante estas agitadas negociaciones, el nuncio recibía de Roma unas instrucciones sorprendentes, que le concedían amplias facultades. En ellas, prepuesto el principio "**entre la cuestión personal y la del bien común, todos ven que la primera debe ceder siempre frente a la segunda**", se sugerían tres caminos a seguir: primero, hacer lo imposible para lograr una conciliación y el retorno de Vera como Vicario, segundo, prometer la erección de un obispado, siempre que las circunstancias fueran favorables y por último, de fallar los dos anteriores, **Marini debía hacerle entender a Vera la dura condición de las cosas, invitarlo a hacer actos de abnegación por el bien de los fieles, y renunciar al oficio de vicario apostólico.** El Santo Padre, en vista de su sacrificio y obediencia, se reservaría nombrarlo "**prelado doméstico**".

Vera, que en ocasión de su nombramiento, había afirmado que "la Santa Sede no sabe temblar ante los poderes gigantes, cuanto menos temblará ante los pigmeos de por acá", nunca hubiera imaginado una semejante decisión por parte del Sumo Pontífice. Tanto él, como todos sus amigos por ambas partes del Río de la Plata, se rehusarán creer en su existencia.

El mismo Marini parecía titubear ante esos poderes ilimitados, y hará lo imposible para no usarlos, recurriendo aun a una dureza mayor en su trato con el Vicario, forzándolo a aceptar su sendero diplomático. Conociendo a Vera de cerca, **temía**, en efecto, **que de ningún modo habría aceptado la renuncia**. Además, si se hubiera llegado a ese caso límite, ¿a quién hubiera puesto en su lugar? Cualquier candidato, considerada la calidad del clero oriental, probablemente hubiera creado mayores problemas. No le quedaba otro camino que la solución del conflicto sin derramar ninguna sangre.

Una noticia inexacta, llegada de Roma, complicó mayormente la volátil situación, ya de por sí enmarañada. El amigo Eyzaguirre le escribía a Vera, que el Papa había decidido premiar su conducta, concediéndole el título de "prelado doméstico", sin conocer la verdadera razón de esa condecoración.

Esto consolidará aun más al Vicario en su actitud inflexible y en su desconfianza hacia el nuncio. Para él, como para sus consejeros, las facultades ilimitadas, y en particular la facultad de removerlo, eran una mentira, cuya única finalidad era la de intimidarlo y asustarlo.

A razón de todo esto, Vera montará una despiadada campaña de desinformación acerca de Marini, pintándolo en las conversaciones con sus confidentes y en las cartas a sus amigos como una persona doble, traicionera y desleal.

Prueba de esta acción deletérea, son dos cartas conservadas en el Archivo Vaticano, una de Maria Chiara Podestà, superiora religiosa y la otra de Jean Carmel Souverbielle, sacerdote religioso, en donde se pinta al delegado apostólico de una manera sumamente negativa.

En esta ofensiva alevosa, por usarse armas desiguales, el delegado apostólico llevaba las de perder, cayendo víctima de su propia lealtad y fineza diplomática. ¡Trágico destino de la profesión diplomática!

¿Y quién no le creería al Vicario, que se había constituido en estandarte de todo lo que era moral, sano y fuerte en la iglesia uruguaya?

Como había previsto Mons. Marini, la lucha más encarnizada se libró con motivo de la elección del gobernador eclesiástico. Se llegó al punto durante el debate en que el delegado afirmó que se dejaría cortar la mano antes que poner su firma en el nombramiento del candidato gubernamental.

Restablecida la calma en la discusión, el diplomático pontificio no se encerró en una negativa ciega y obstinada, como hubiera hecho el Vicario, sino que preguntó si, en el caso, posible pero no probable, de celebrarse el arreglo directamente con él y **con prescidencia absoluta del Vicario**, la ejecución de ese arreglo traería los mismos inconvenientes.

Castellanos contestó que su gobierno vería en eso la mayor prueba de buena voluntad. No se trataba sólo de un nombre, sino también de una modalidad.

Reaparece una vez más el temor pánico del comisionado oriental frente a una posible interferencia por parte de Vera. Mientras éste tuviese voz en capítulo, no habría seguridad ninguna para la supervivencia del arreglo.

Marini, sin llegar al extremo de la prescidencia del Vicario, contraria al espíritu y a la letra de los cinco artículos, se comprometió a que Vera hiciese la delegación de las facultades en su presencia, garantizando así la no revocación de las mismas por un acto unilateral.

Finalmente el 24 de enero de 1863, después de tantas luchas, choques, y chispas se nombraba a Pablo María Pardo, vicario general y gobernador eclesiástico de la iglesia oriental. Cesaba de esta manera, el así llamado cisma y se restablecía la legítima autoridad eclesiástica.

En presencia de un logro diplomático tan estrepitoso, en donde se había reconciliado lo irreconciliable, evitado dos veces la ruptura definitiva del negociado, puesto en su lugar al recalcitrante y obstinado Vera, mantenido con coherencia y firmeza los principios, usado sutileza y flexibilidad de método, tratado al interlocutor con respecto y comprensión, y cerrado un ojo sobre los innumerables chismes y calumnias que caían de todas partes, uno se hubiera esperado un coro unánime de aprobación y agradecimientos.

Debido a lo envenenado del ambiente, no sucedió así, por el contrario los ultradefensores de la autoridad, y entre ellos amigos del nuncio, como Domingo Ereño, criticaban el resultado, por no haberse obtenido la derogación del decreto del injusto destierro. El nuncio, en concreto, no había hecho todo lo que debía.

El mismo Vera, un mes más tarde, en una relación al cardenal Antonelli, mientras reconocía que el arreglo entre el delegado apostólico y el gobierno había cambiado la situación del vicariato y evitado el cisma, al mismo tiempo le restaba importancia a la obra maestra de Marini al escribir: "Verdad es, que el Gobernante Sr. Berro temió al pueblo, que alarmado con las medidas hostiles al Clero y a la Iglesia amenazó derribarlo y para detenerlo, tuvo la habilidad de declinar su odiosidad sobre el Ministerio de aquel entonces, y lo destituyó. El pueblo se calmó con este paso, y vino el arreglo". En la lectura de Vera, el arreglo es un producto de las circunstancias históricas, en donde Berro, bajo la presión del pueblo y atemorizado, hubiera sido forzado a llegar a un acuerdo. Nada está más lejos de la verdad que este enfoque malicioso y falaz.

Ni la destitución del ministerio había sido para declinar la odiosidad del pueblo, ni éste había amenazado derribar a Berro, ni el presidente había concluido el arreglo por temor.

¿Cuál era el motivo que empujaba al Vicario a una deformación tan burda de la realidad? No cierto el amor a la verdad, o la caridad hacia el prójimo, sino un ciego interés personal que lo llevaba inconscientemente a ensalzarse a sí mismo, desacreditando al contrario.

En la convicción de Vera, Marini no era una persona digna del puesto que ocupaba, por ser manipulador, desleal y mentiroso. En línea con esta tesis, interpretará toda la acción del delegado apostólico y lo que era peor, sentirá como un deber de conciencia proporcionar su visión desenfocada a las autoridades romanas.

Desde un principio, parece que Marini subestimó esta solapada guerra que le estaba moviendo el Vicario de Montevideo y sólo más tarde intentará contraatacar con las mismas armas. Error monumental que le costará la misma subsistencia en el cargo de delegado. A la propaganda calumniosa, en la dialéctica humana, no se contrapone la suavidad diplomática.

En último análisis, el campesino Vera, sin mucha cultura o sofisticación diplomática será más efectivo que el experto delegado pontificio.

Prueba de fuego

Si alguien pensara que con la instalación del nuevo gobernador eclesiástico se hubieran apaciguado las aguas y hubiese iniciado un periodo de paz y concordia en la vida eclesiástica oriental, se equivocaría de medio a medio.

El torbellino de las pasiones anteriores estaba esperando el momento oportuno para estallar con nueva virulencia arrasando con los buenos deseos y los sentimientos cristianos.

La impetuosidad caracterológica de Vera, con su desconfianza innata hacia todos y todo, les impondrá un sello característico a los acontecimientos históricos. Estos con su dramaticidad y explosividad inusitadas se constituirán en el test evaluativo final de nuestros personajes.

El 28 de enero de 1863 llegaba a Montevideo el presbítero Pablo María Pardo en calidad de vicario general y gobernador eclesiástico.

Antes de dejar el suelo argentino, había recibido instrucciones precisas del Vicario, en la presencia del delegado apostólico. En primer lugar tomaría cargo de la iglesia Matriz, excluyendo a todos los rebeldes, los cuales, si se sometían, serían rehabilitados después de unos días de retiro.

Si Mayesté y Brid se humillaban, debían recurrir al Vicario Apostólico, el cual decidiría personalmente sobre su destino. Volvía al **principio** de que **el pecador arrepentido debía humillarse y dar satisfacción reparando los males ocasionados**.

Si este principio no había tenido resultados cuando Vera estaba encargado del Vicariato, ¿qué probabilidad tenía ahora de éxito siendo Pablo María Pardo del agrado del gobierno y de mentalidad más liberal que el ultramontano Vicario de Montevideo?

Parecería del todo ilógico exigir algo que uno mismo no había podido conseguir.

Si Vera había formulado sus instrucciones de una manera clara e inequívoca, no menos clara y terminante era la posición del gobierno, que no quería que se castigaran con penas visibles a ninguno de sus seguidores, ni se pronunciaran discursos ofensivos y recriminatorios.

Puesto entre la espada y la pared, ¿qué hubiera podido hacer el pobre Pardo, que no tenía ninguna cualidad de gobernador y menos aun de negociador?

Sin los escrúpulos de Vera y con el respaldo del gobierno y de los insubordinados, emprendió el único camino posible: cerrar un ojo sobre las demandas del Vicario, y vivir el breve tiempo de gloria y poder que el destino le había deparado.

Con una ligereza singular no sólo socializó con los rebeldes y con Brid en particular, sino que los rehabilitó casi inmediatamente, de manera que los que hasta el 31 de enero habían despreciado el entredicho y se habían burlado públicamente de las censuras, el 1º de febrero celebraban absueltos en la misma Matriz.

Si hay una explicación, no cierto una justificación, para esta conducta de Pardo, es que el clero fiel al Vicario, le había hecho el vacío total a su llegada a Montevideo, empujándolo de esa manera entre los brazos de los desobedientes.

Para agravar la situación y enfurecer mayormente a Vera, los del gobierno hacían correr la voz que el acuerdo se había logrado **con prescidencia total de Vera**, y que Castellanos había firmado un documento secreto con el delegado en el que éste se comprometía a impedir que el Vicario retirase las facultades al vicario general. Esta última aserción no era un simple rumor, sino una realidad sacrosanta, según una fuente fidedigna.

El Vicario, que no se había quedado un solo instante pasivo, dejando sueltos a sus sabuesos para que espiaran en cada instante al presbítero Pardo, recibiendo informes detallados sobre cada paso y dicho del mencionado sacerdote, estaba nuevamente cayendo en la trampa, hábilmente tendida por sus adversarios.

Como si esto no fuera más que suficiente para hacerlo explotar y causar desmanes y gestos inconsultos con daño irreparable, el nuevo gobernador afirmaba que el nuncio lo había autorizado a rehabilitar a los "suspensos", para evitar males mayores y para que no fracasara el arreglo.

No hace falta notar que, para Marini, estas afirmaciones, totalmente infundadas y calumniosas, constituyeron el último y fatal empujón para que cayera (si ya no había caído con anterioridad) en total desgracia a los ojos del clero y laicado oriental y en absoluto repudio por parte de Vera.

Este, con una técnica que nada le podía envidiar a la técnica moderna de control y espionaje, quiso apurar la verdad de la afirmación de Pardo, pidiéndoles a dos sacerdotes paisanos del nuncio, que hicieran una deposición por escrito y firmada de lo que habían oído salir de la boca del diplomático.

Con ese documento, evidencia de la doblez de su superior, no sólo se hubiera defendido a si mismo en caso de remoción (como se le había amenazado, si no obedecía), sino que hubiera desprestigiado irreparablemente y posiblemente hecho destituir al representante de Su Santidad. No era una maldad rencorosa, ni mucho menos un plan diabólico, sino una simple póliza de vida.

Una vez más, el simple canario y antiguo párroco de Canelones, ahora desterrado en Buenos Aires, parecía haber aprendido algo más de lo necesario en los corredores del poder y de la diplomacia.

El haber refinado su técnica de control de la situación y de espionaje, no implicaba haber aprendido a refrenar su carácter fuerte y explosivo.

Los rumores malignos esparcidos adrede por los masones, las informaciones de sus fieles que a diario llegaban del otro lado de la orilla sobre el descarriado Pardo juntamente con los consejos de sus amigos jesuitas, que no hacían otra cosa que reafirmar su posición negativa hacia el arreglo y su desconfianza hacia el nuncio, empujaron al atormentado y enfadado Vicario al borde de un trastorno mental.

¿Seguir tolerando esa ignominia y degradación, con la consiguiente humillación de su autoridad o, contrariamente a la imposición del delegado apostólico, dar un corte neto con ese cáncer que carcomía su alma y destruía la fe de su rebaño?

Como se había de presuponer, el pastor en ascuas estaba a punto de retirarle las facultades a Pardo, cuando Marini intervino intempestivamente, deteniendo su mano vengadora y realizando un precipitado viaje a Montevideo.

Las razones del delegado debían haber sido poderosas para determinarse a trasladarse inmediatamente a la otra orilla, cuando antes se había rehusado varias veces en momentos de igual gravedad. Si Vera, en efecto, hubiese dado ese paso inconsulto, se hubiera, sin duda, desencadenado un ciclón de consecuencias imprevisibles, terminando con el arreglo, la buena voluntad del gobierno, y toda posible pacificación y reconciliación.

Por indiscreciones extraoficiales, se había propagado la noticia de la llegada de Marini el dial 11 de febrero. ¿Quiénes estaban esperándolo al muelle a las cinco de la mañana? ¡Sorpresa mayúscula! Nada menos que Pardo, Brid y Mayesté. Es fácil imaginar los comentarios negativos de los filoverianos y el probable embarazo del nuncio al encontrarse con esa colección de eclesiásticos, origen de todos los males.

Probablemente informado, y con una táctica diplomática digna de toda admiración, postergó su salida, dejando a los pobres avivados con el pico seco. Si querían jugar con él debían percatarse que él sabía jugar mejor, además de ganar.

Con todo, el nuncio estaba consciente de pisar un terreno minado en Montevideo. No subestimaba, en efecto, la picardía criolla, y sabía que cualquier paso en falso le podía ser fatal. Aunque aceptara, a su llegada el 13 de febrero, la hospitalidad del gobierno, que lo trató de una manera espléndida, ofreciéndole todas las comodidades propias de su rango, procedió con pies de plomo, para no dar la impresión de colusión.

Mientras le hacía ver al presidente Berro, que él, Marini, era un hombre de palabra, deteniendo la acción unilateral de Vera, rectificaba para el clero las versiones torcidas sobre su proceder y sobre sus intenciones. El acuerdo alcanzado no se había hecho con prescidencia de Vera; no existía ningún acuerdo secreto entre él y Castellanos; él no había autorizado a Pardo ni de palabra ni por escrito a rehabilitar a los insubordinados. En presencia de personas calificadas le reprochó públicamente a Brid su conducta. Insistió para que el clero no le hiciera el vacío al nuevo gobernador y le pidió a éste que siguiera los consejos del buen Requena y no los de los rebeldes.

En sustancia, en sus conferencias públicas y privadas con el gobierno, con el clero, y con personas de equilibrio e influencia insistió hasta el cansancio para que se unieran y que pusieran todo su empeño, para que el arreglo funcionara.

Este esfuerzo denodado, había durado sólo un día y medio, para aclarar posiciones y apaciguar las aguas por ambos lados del Río de la Plata, ¿habría sido suficiente para despejar desentendimientos, rumores, y simples maldades y restablecer una cierta armonía?

Por los informes que nos llegaron parece que el objetivo fundamental de detener a Vera y evitar un nuevo cisma, fue alcanzado. No sucedió lo mismo con las otras finalidades: recobrar la confianza del clero y del Vicario, reparar su reputación dañada e inspirar convicción y aprecio en la nueva administración eclesiástica. Parecería que el daño estaba hecho, gracias a la acción capilar desinformativa del Vicario, y ningún milagro, por aparatoso que fuera, le hubiera restituido el brillo a la imagen vilipendiada del diplomático pontificio.

Entre los pocos que rindieron justicia al infatigable nuncio y a su exquisita labor, no fueron por cierto, ni el Vicario de Montevideo, que aunque reconozca los esfuerzos hechos por Marini, nunca le perdonará el no haber castigado a los rebeldes, ni otros eclesiásticos, por amigos que fuesen, sino dos laicos, de mente abierta y corazón generoso: el jurisconsulto Requena y el ministro de gobierno Sienra.

El primero reconocía que por excesivo celo había sido engañado sobre la conducta del nuncio y sus intenciones y se disculpaba con el mismo. Antes le había aconsejado a Vera que se guardara bien de los informes de Mons. Marini a la Secretaria de Estado Vaticana, ahora, después de haberse reconciliado con el nuncio, exhortaba a su prelado a que no le revocara las facultades a Pardo que con el tiempo hubiera podido ser útil. El segundo, amigo y condiscípulo del Vicario, lo ponía en guardia para que no diera el paso peligroso que estaba planeando. De darlo, hubiera complicado la situación de tal manera que hubiera sido imposible prever la magnitud de males que inevitablemente traería, y cuya posibilidad lo asustaba.

¿No eran muchos los que se habían beneficiado de los buenos oficios de Marini, y cómo es que sólo dos, y por demás laicos, le quedan agradecidos? Parece repetirse lo que le había sucedido a Jesús con los diez leprosos: "¿No son diez los que fueron limpiados? Y los nueve, ¿dónde están?" (Lc 17, 17).

En su informe a Roma, el nuncio, con una sobriedad indicativa, al relatar el hecho, formulará su segundo juicio negativo sobre el Vicario. "Me pareció –escribía- haber conseguido el objeto de mi viaje. Con todo el Sr. Vicario..., por sus **imprudencias**, fomentando quizás sin quererlo, la discordia, dificultará la ejecución del acuerdo...; me obligará a intimarle que renuncie a su cargo en conformidad con las instrucciones...". No le achaca mala voluntad al iracundo Vera. Sin embargo no parece estar muy seguro de su juicio benévolo al agregar "quizás".

Por el otro lado, el Vicario de Montevideo, no usó la misma moneda para con el nuncio. Lo consideró, sin más, un mentiroso, al no creer en las instrucciones recibidas de Roma, al no aceptar su honestidad y coherencia en las negociaciones con el gobierno. Nunca se disculpó por sus excesos de carácter y por los insultos proferidos por creerse en lo justo.

Más tarde, cuando el delegado pontificio asuma una postura fuerte para doblegar su actitud inmadura, se quejará diciendo: "En presencia de la actitud expresada que asumió Monseñor en este negocio, creí de mi deber guardar silencio y abstenerme de la destitución que meditaba del Sr. Pardo".

Como se puede apreciar, aun después del precipitado viaje a Montevideo, Vera no había desistido de su obstinada actitud con respecto a la destitución del gobernador eclesiástico. A este punto no hay mejor comentario que "Genio y figura hasta la sepultura".

A un mes de distancia de este episodio histórico crucial, daba la impresión que los negocios eclesiásticos en Montevideo se estaban encaminando lentamente y por el sendero de la cordura.

Gracias a los esfuerzos del ministro de gobierno Silvestre Sienra, el 10 de marzo de 1863, el presidente de la república proclamaba sin efecto el decreto del 7 de octubre del año anterior, con el que se extrañaba del país al Vicario Apostólico.

No tuvo la misma buena recepción el proyecto del incansable Requena, con el cual se proponía terminar con la delegación del vicario general Pardo, favoreciendo la inmediata reinstalación de Vera.

El presidente Berro, que no podía ocultar su completa aversión hacia el Vicario, se hubiera prestado para un arreglo definitivo de la iglesia oriental con la erección de un obispado, todas las veces que el candidato para ese cargo no fuera el presbítero Vera.

De no acontecer algo apocalíptico, para los masones y la administración blanca, el beligerante Vicario de Montevideo se hubiera quedado en un limbo sempiterno, sin ninguna posibilidad de poder resucitar su carrera eclesiástica. Su estrella se hubiera eclipsado para siempre, sin dejar algún rastro en el cielo de la Iglesia.

Pero algo inesperado vino a trastornar todos los planes y previsiones. El 16 de abril, se embarcaba en Buenos Aires con rumbo a la Republica Oriental, el caudillo Venancio Flores. No conociéndose su paradero, se había puesto a la cabeza de sus partidarios, deseosos de derribar al gobierno blanco.

Nadie al principio creyó en el triunfo de los insurrectos por la escasez de recursos y desorganización de sus tropas. Sin embargo, a medida que las semanas pasaban, la opinión pública y la situación real en el interior del país se estaban transformando, creando pánico en los dirigentes blancos.

Inteligentemente, Flores estaba utilizando una doble táctica, bélica e ideológica, que resultaría letal. La primera consistía en formar bandas en armas, que haciendo correrías por la campaña, y disolviéndose al aproximarse de tropas regulares, destruían los sembrados y arruinaban el ganado. La segunda, levantando el estandarte de Vera, se pintaba al Gobierno como enemigo de la Iglesia por haber echado al Vicario.

El sentimiento religioso, todavía vivo en las poblaciones rurales, para las cuales Vera era un santo, realizó el milagro en el campo de batalla y en la mentalidad incrédula del gobierno.

Para arrebatarle este poderoso medio de seducción, **Berro tuvo, muy a pesar suyo, que dar marcha atrás**. El presidente y los masones que hasta ese momento se creían invencibles, tanto en el campo político como religioso, vieron sus esperanzas totalmente trastornadas, y sus sueños quebrados. La suerte les había dado las espaldas, mientras que le estaba sonriendo al desterrado Vicario.

El 22 de agosto de 1863 se decretaba que quedaba sin efecto la resolución de fecha 19 de diciembre de 1862, cesando en sus funciones el gobernador Pablo María Pardo, y reintegrándose en las suyas el Vicario Vera.

Este, acompañado del jurisconsulto Requena, hizo su ingreso triunfal en Montevideo el 23 de agosto, entre el júbilo de la población, que lo recibió como un verdadero héroe y triunfador. Esta y no otra será la imagen de Vera que se cristalizará en la convicción de los fieles y dirigentes tanto en Montevideo, como en Buenos Aires y en Roma. En efecto, según ellos, el **Vicario de Montevideo** había sido el único hombre que con firmeza se había opuesto a los desmanes de un ejecutivo enloquecido, y de un movimiento masón enceguecido.

El **Vicario de Montevideo** era el verdadero campeón y defensor de los derechos de la Iglesia, la figura más íntegra dentro del cuerpo eclesiástico, el portaestandarte de una moralidad austera y la nueva estrella que debía guiar los asuntos religiosos y espirituales del país.

Frente a este panorama, todo lo negativo de su carácter y mentalidad, todo el lado oscuro de su personalidad desaparecía como una niebla incómoda frente a los rayos poderosos del sol matutino. Desaparecían también los otros personajes, que habían jugado un papel preponderante en la solución del conflicto.

No debe maravillar, por lo tanto, que la interpretación dada por Vera de su regreso a Montevideo refleje a la perfección esta imagen ajustada a sus principios ideológicos y a los deseos y expectativas populares, pero fundamentalmente lejana de la realidad histórica.

Con el acostumbrado enfoque desinformativo escribirá:
"No ha habido ninguna exigencia por parte del gobierno...Fue obra exclusiva de su espontaneidad... Hoy estoy ya en posesión pacífica del Vicariato, acatado y apoyado por el mismo Gobierno del Sr. Berro, sin haber yo accedido a ninguna de las pretensiones, que ocasionaron mi destierro y más afianzado en este país el principio de la autoridad eclesiástica".

Ningún político, ni aun moderno, hubiera podido encubrir la triste realidad oriental con pinceladas tan triunfalistas.

¿Cómo podía afirmar que no había habido ninguna exigencia por parte del gobierno, cuando había tenido que asegurarle que no castigaría con penas visibles a ninguno de los rebeldes, que no proferiría pláticas ofensivas y recriminativas y, lo que era más sustancial, que se entendería previamente con el gobierno en los casos acostumbrados, en que tenía intervención el ejecutivo?

¿Cómo podía sostener que su regreso había sido obra exclusiva de la espontaneidad del gobierno, cuando Berro se había visto forzado a ese paso por la invasión de Flores?

¿Qué sentido tenía esa posesión pacífica del vicariato y el ser acatado y apoyado por el mismo gobierno, cuando hasta el día anterior había sido ridiculizado y desacatado por parte del clero y del ejecutivo?

El destino le había sonreído, había invertido los papeles, y había convertido a sus enemigos en "pavo de la boda". Por esto tenía razón Vera en brindarle a su buena suerte con una relación triunfalista. Le tocaba a él y sólo a él participar en la marcha triunfal del ascenso, mientras que a los otros les correspondía el polvo del descenso y la vergüenza de la derrota.

En los momentos más cruciales de su existencia el hombre revela su esencia íntima, definiéndose a sí mismo de la manera más lapidaria.

En los episodios anteriores se han presentado los diagnósticos con las características constitutivas de cada protagonista; en este último, relativo al precipitado viaje de Marini a Montevideo, que hemos denominado prueba de fuego, ¿se reconfirmarán las mismas características o aparecerán facetas nuevas o conductas atípicas? Más aun, ¿quién superó y quién falló este test evaluativo final?

Preguntas legítimas, que sin requerir largas disquisiciones y análisis pormenorizados, podrán fácilmente ser respondidas por los lectores, siendo más que suficientes los elementos proporcionados.

La vida, raras veces, favorece a los mejores y más preparados, optando a menudo por los más audaces y atrevidos, según el refrán "audaces fortuna juvat".

La leyenda

La leyenda, según la Real Academia Española es la "relación de sucesos que tienen más de tradicionales o maravillosos que de históricos o verdaderos".

Y es así como vino a formarse la **leyenda del Vicario de Montevideo.** Esta vio la luz el día glorioso del regreso triunfal de Vera. Pero había sido gestada en sus convicciones y en su obrar desde los albores de su contrariado nombramiento.

Como todo hombre tiene una imagen de sí mismo diversa de la que es percibida por observadores externos, la mayoría de las veces creyéndose uno mejor y superior a los otros, así Vera ostentará constantemente una seguridad perenne de "tener siempre razón", de "no equivocarse nunca", y de "ser un vencedor" no obstante, o más bien gracias a los obstáculos y reveses humillantes. El mismo afirma que nunca cambiará de opinión o método, cualesquiera sean las pruebas en su contra, dejando a la posteridad el juicio sobre su obrar. Se adjudica, involuntariamente quizás, una cierta infalibilidad de hecho, que por cierto no es propia de los mortales.

Esta imagen de hombre superior, siempre justo, correcto, fuerte y coherente, en contraposición con las personas que lo rodeaban, injustas, falsas y oportunistas, será proyectada por él a manos llenas en las conversaciones con sus confidentes, en las cartas a sus amigos, y sobre todo en sus relaciones a Roma (por sugerencia también de Requena), deformando la realidad y desprestigiando a todos sus adversarios, incluyendo al diplomático pontifico, cuya desconfianza y aversión emerge en cada instante de las múltiples y prolongadas negociaciones con el gobierno oriental.

Semejante auto propaganda unida a la adoración del pueblo de la campaña y admiración de los católicos fieles de la capital, en una época en donde las comunicaciones eran lentísimas y las noticias, al ser transmitidas por medios no seguros, venían constantemente alteradas por rumores y voces esparcidas adrede, terminó por crear la **leyenda del Vicario de Montevideo**.

Este se presentaba como el campeón de toda causa justa, verdadera y moral, que luchaba denodadamente contra una sociedad masónica y liberal, favorecedora de toda inmoralidad y libertinaje. Vera era el baluarte de salvación en un mar de perdición. Sus vicios eran transformados como por encanto mágico en virtudes, y su antipatía y terquedad en santidad.

Hecha esta premisa, se comprenderá mejor su ascenso rápido y deslumbrante hacia la silla episcopal.

Un evento, totalmente fortuito, la invasión de Flores, había causado el restablecimiento de la legítima autoridad eclesiástica en Montevideo, y por consecuencia, apaciguado el malhumor popular y creado esperanzas para un futuro mejor.

A este punto, todos querían el arreglo definitivo de la iglesia oriental, con la erección de un obispado, pero cada uno lo perseguía con modalidades y tiempos diversos.

La Santa Sede, que nunca había demostrado excesivo apuro en este negocio, dada la instabilidad política y económica uruguaya, el 15 de diciembre, después de congratularse con Vera por su regreso, le instaba para que aprovechara ese momento de prestigio y popularidad en orden a conseguir el objetivo del obispado, por intermedio de Mons. Marini.

El presidente Berro, forzado por las circunstancias adversas a dar macha atrás en la cuestión del Vicario, estaba todavía interesado en la erección del obispado, todas las veces que el candidato para el cargo de obispo no fuese Vera, sino **un hombre más en armonía con las ideas del tiempo**.

Marini, activísimo en la cuestión del obispado, el 21 de enero de 1864 le agradecía a Requena el empeño puesto para convencer al Ministro Nin Reyes a destinar los fondos necesarios para el arreglo eclesiástico, pero no estaba de acuerdo sobre el origen de esos fondos.

Vera, en fin, en su carta a Roma del 14 de febrero, reputaba inoportunos esos momentos para entablar semejante negociación. Le quedaban, en efecto, pocos días de vida a la administración Berro. Apenas se instalara la nueva, él cumpliría 'gustosisimo" con ese encargo y opinaba, además, que la erección deseada sería de fácil realización.

Debido a la guerra civil que asolaba el país, no habían podido reunirse los colegios electorales de la campaña para integrar la Cámara de Representantes que, juntamente con el Senado, debían proceder al nombramiento del nuevo presidente. Por ese motivo, no pudiéndose nombrar al sucesor de Berro, había asumido provisoriamente el gobierno **Atanasio Aguirre**, presidente del Senado, como prescribía la constitución.

Frente a esta situación presidencial provisoria, cualquier apresuramiento hubiera resultado inútil o también dañoso.

Tanto Marini, pues, como Vera y Requena estaban a la expectativa tratando de sondear el ánimo del primer mandatario y de sus ministros.

El 14 de mayo de 1864, el nuevo presidente firmaba una carta, redactada por el buen Requena, en la que se le pedía oficialmente a la Santa Sede el arreglo definitivo de la Iglesia oriental, que consistía en la condecoración de Vera con la mitra de obispo "in partibus infidelium". No se trataba, por lo tanto, de un verdadero arreglo definitivo, sino de un premio al Vicario, cuyas virtudes eran ejemplares.

Era evidente que el interés mayor del laicado católico uruguayo era consagrar una línea determinada, el ultramontanismo, con una persona bien determinada, el filojesuita Vera.

En mayo de 1864 Mons. Marini volvía a la carga, escribiéndole al ministro Herrera sobre la absoluta necesidad de la formación de un cabildo eclesiástico y de la erección de un seminario, cuyos gastos debían quedar sancionados por una ley. Después de ese paso preliminar, hubiera resultado fácil la consecución del obispado, pues el delegado sabía a ciencia cierta que el Santo Padre tenía ardientes deseos de proporcionar ese bien a la Iglesia oriental.

La voz del diplomático pontificio, y su línea tradicional, propia de la cancillería vaticana, estaban, con el pasar de los días, perdiendo su fuerza y eficacia, hasta extinguirse totalmente con el envío a Roma del presbítero Letamendi por parte del gobierno uruguayo.

Este atrevido movimiento, muy probablemente empujado por Vera, Requena y amigos, encerraba un profundo significado. Dada la brevedad de la presidencia de Aguirre se querían apresurar los tiempos desligando completamente la negociación de la delegación pontificia bonaerense, que había causado tantas heridas y desconfianza en el ánimo del Vicario. ¡Movimiento brillante y casi maquiavélico!

En consecuencia de esto, la estrella de Vera estaba despegando su vuelo hacia el firmamento azul eclesiástico, la de Marini, por el contrario, empezaba su precipitado descenso hacia el ocaso.

La elección de José Letamendi, sin cualidades particulares para esa misión, no encerraba ningún peligro, por el contrario facilitaba enormemente las negociaciones en Roma, por tener un carácter simple y por lo tanto creíble. Los monseñores en Roma y el mismo Sumo Pontífice se deleitarán con sus cuentos, narrados con estilo cómico y exagerado, sobre los encontronazos de Vera con el Gobierno y con Marini.

En su primera entrevista del 15 de julio de 1864, Letamendi presentó al Santo Padre los documentos relativos al pedido. Contrariamente a las expectativas de prolongadas y enojosas esperas en los corredores vaticanos, con inmensa sorpresa se encontró con un Papa sumamente deseoso de concluir el negocio en tiempos brevísimos.

Se dio cuenta que Pío IX no sólo admiraba al Vicario por su fortaleza y coraje, sino que nutría por él un cariño especial. Probablemente en ese personaje lejano el Papa veía una perfecta imagen de sí mismo, de un hombre, víctima de las circunstancias políticas, blanco de los liberales y racionalistas, y mártir por defender los intereses de Dios y de la Iglesia.

Cosa inusitada, en el brevísimo lapso de veinte días el asunto podía darse por concluido y en los términos más favorables para el presidente Aguirre.

Pasaron, sin embargo, varios meses antes de que Vera recibiese la bula de nombramiento. Se la presentó al Gobierno para la aprobación y sólo el 29 de abril de 1865 le fue devuelta por el gobierno del general Flores.

Con una solemnidad del todo especial, el 16 de julio de 1865, en la iglesia Matriz de Montevideo, testigo silencioso de un pasado tumultuoso, Vera era consagrado obispo por Mons. Mariano Escalada, obispo de Buenos Aires.

Con esa memorable ceremonia no se consagraba sólo a una persona, sino toda una línea filojesuita, conservadora y ultramontana, y un mito y una leyenda, la del Vicario de Montevideo.

136

Trasfondo ideológico

Introducción

En la narración somera del "**trasfondo histórico**", se ha encarado la acción de Vera, prestando particular atención a las manifestaciones caracterológicas y a su origen, sin quizás, quedar totalmente satisfechos con la explicación.

En verdad su explicación última debe ser buscada en algo más que no sea simplemente su constitución física o psíquica.

Sus raíces ahondan en el substrato **ideológico** que configuran la personalidad religiosa y cultural del **Vicario de Montevideo**. De aquí la denominación de esta segunda parte de nuestro estudio.

Se intentará trazar a grandes líneas, y por ende de una manera imprecisa e incompleta, las verdades, principios, visiones y modelos que constituyen el "**trasfondo ideológico**" de nuestro protagonista.

¿Serán sus ideas y convicciones las que nos darán la llave interpretativa de su conducta? ¿Cómo entender su fervor de cruzado en querer salvar a su iglesia de un mundo en total transformación disgregadora, que proclamaba la libertad absoluta, incluso de las obligaciones religiosas, y de los dictámenes divinos?

Es indudable que Vera poseía unas ideas de las cuales jamás se hubiera apartado y que constituían el ADN de su propia personalidad. Estaba dispuesto a sacrificar su vida, antes que abdicar de sus principios.

Un hombre semejante merece todo el respeto posible, pero al mismo tiempo levanta interrogantes serios. Si mis ideas son las únicas verdaderas, ¿qué trato se merecen las de mis semejantes diversas de las mías? ¿Deben ser respetadas o destruidas? ¿Será posible un encuentro, un diálogo o es inevitable el choque y un duelo mortal?

Quizás, al terminar con esta presentación, nos encontremos con alguna **respuesta implícita**, que aclare nuestras dudas, y apacigüe nuestro espíritu inquisidor.

Hombre de fe

Hay hombres de fe y hay hombres de ciencia. Hay hombres de fe que son científicos y hombres científicos que son creyentes.

Para estas últimas dos categorías de seres humanos el equilibrio entre fe y razón es extremadamente difícil, mientras que para los dos primeros no existe ningún conflicto, quedando una supeditada a la otra. El creyente subordinará la ciencia a la fe, y el científico avasallará la fe a la razón.

Concediéndole la primacía a la una se le niega la independencia a la otra, creando una condición de extremismo o fundamentalismo, sumamente peligroso.

Los hombres de nuestros tiempos tienen ejemplos preclaros y, al mismo tiempo, dolorosos ante sus ojos, de extremismos religiosos, en donde se llega a matar al propio semejante en nombre del Ser Supremo.

Siendo Dios fuente y autor de ambas, y habiendo creado al hombre libre, parecería muy improbable que quisiera sujetar la una a la otra, o anquilosarlas en una esclavitud indigna.

Como conclusión de lo establecido, la fe no debería suplantar a la razón, y la razón no debería ahogar la fe, sino dejarle un espacio propio, en donde pueda crecer y desarrollarse.

La armonización de ambas en un matrimonio perfecto, es tarea de todos los días, sin, quizás, llegar nunca a una unión feliz.

Nuestro protagonista no experimentaba en su corazón esta profunda dicotomía, porque no existía en su mente el problema de la autonomía de ambas, siendo **evidente para él que la fe tenía la primacía absoluta sobre cualquier realidad**, fuera ella religiosa, política, científica o de cualquier otro género.

Vera era el hombre de fe por excelencia. Dios, la Iglesia, el Papa, eran su único norte, su Estrella Polar, su guía suprema.

El mundo que lo rodeaba era decepción, falsedad y corrupción y llevaba a los hombres inevitablemente a la eterna condenación.

Hombre de Iglesia

Afirmar que Vera era hombre de Iglesia daría la impresión de una simple banalidad, pero si se añade que la Iglesia era su vida, y que su vida era la Iglesia, la expresión no suena tan insustancial.

Vera vivía para la Iglesia y ella como madre providente le daba sentido y explicación última a todo su mundo. Daba una respuesta firme y segura a todos los interrogantes que angustian al ser humano de todas las épocas: de dónde viene, a dónde va y cuál es su misión y destino.

Pertrechado con este maná explicativo de la vida, no le temía a ningún hombre y enfrentaba con confianza todos los embates que le deparaba la suerte.

La Iglesia para Vera no era sólo una, santa, católica, apostólica y romana, sino que poseía unas características que eran peculiares de Dios, por reflejar ella su imagen en la tierra.

El rostro de la Iglesia, para el Vicario de Montevideo, era configurado primordialmente por tres contraseñas particulares: inmutabilidad, invencibilidad e infalibilidad.

La Iglesia era inmutable. En un mundo y en una sociedad, agitados por vientos de innumerables filosofías y tendencias aberrantes, la Iglesia se ofrecía como la única ancla de estabilidad y salvación.

Sus doctrinas eran inmutables y eternas, lo mismo que sus sacramentos, su sacerdocio y su estructura. Quien se entregara a ella, no quedaría decepcionado, porque ella era fiel e inmutable.

Al igual que su iglesia, Vera tenía puesta su mirada en la tradición. En lugar de mirar para adelante, y buscar nuevas respuestas a los desafíos de los tiempos, **miraba para atrás, copiando los modelos del pasado y proponiendo los caminos consagrados por los Padres y la Tradición.** La verdad está dada una vez para siempre y es inmutable, basta reproducirla con fidelidad.

La Iglesia era invencible. Cristo le había prometido solemnemente a Pedro que las puertas del infierno no prevalecerían contra su Iglesia (Mt 16, 18). Ella subsistiría a través de los siglos sin que nadie o nada pudiese derribarla o destruirla. No debía temerle a nadie, porque saldría victoriosa de cualquier combate.

La Iglesia, por lo tanto, no debía bajar a ningún compromiso y no debía ceder nunca frente a la prepotencia humana. Tenía el brazo fuerte de Dios que la defendía, y eso era más que suficiente. Las tormentas más desastrosas y los huracanes más furiosos eran cosas transitorias que no incidían para nada en los cimientos sólidos de la iglesia, porque Dios "**sabe disipar las tempestades más imponentes con un pequeño soplo de su querer**".

De esta profunda convicción se originaba el lema del Vicario de Montevideo; "**La Iglesia nunca cede**". Y con una expresión más descriptiva volvía a subrayar la misma idea, cuando decía: "La Sede Apostólica no sabe temblar ante los poderes gigantes, cuando menos temblará antes los pigmeos de por acá".

Con la Iglesia a su lado se sentía invencible, y el mismo nuncio debía cuidarse las espaldas. Mandando una copia a Roma del nombramiento, que le había causado tanto disgusto y enojo, le escribía a Ereño que, con esa acción, quería saber "si este hombre, hablo de Monseñor, obra por instrucciones, y si es así, bien está; empero si es al contrario..., le pesará indudablemente a tu amigo. Entonces verá que el **Padre Vera, aunque campesino y pobre hombre, no sabe hacerse juguete de los señores de altura**".

El Vicario de Montevideo era un luchador nato y un triunfador y jamás se hubiera amedrentado frente a las dificultades del momento.

La Iglesia era infalible. Aun antes de que el concilio Vaticano I (en 1870) proclamara el dogma de la infalibilidad pontificia, tanto los fieles como la jerarquía eclesiástica estaban convencidos de que la Iglesia era infalible en cuestiones de fe y moral.

Siendo la infalibilidad, como la inmortalidad y la inmunidad al dolor realidades ajenas a la esfera humana, y siendo verdad indisputable lo contrario, o sea, que el hombre es falible ("errare humanum est"), mortal y sujeto al dolor, nos preguntamos en dónde se funda la pretensión de la Iglesia de ser infalible.

Habrá que descartar el simple deseo del ser humano de creer y buscar una cierta inmortalidad, y de afirmar implícita o explícitamente la inmunidad del error.

Con sorpresa, incluso en nuestros días, escuchamos afirmaciones de personas o grupos, que por fines políticos o religiosos, usurpan para sí el privilegio de una infalibilidad que no les corresponde. Por medio de una propaganda sutil y engañosa le hacen creer a la gente que su decisión es la mejor y la única para enfrentarse con un determinado peligro o para solucionar una cierta situación escabrosa.

La infalibilidad de la Iglesia, ¿pertenece a esta esfera de un deseo innato o de una pretensión usurpadora, que no tienen nada de real sino que constituyen puras quimeras que jamás se podrán acaparar y hacer propias?

No, la infalibilidad proclamada por la Iglesia, no se basa en fundamentos humanos, sino que tiene sus raíces en una promesa de Jesús hecha a Pedro, de una asistencia divina, en su doble tarea de Pastor y Maestro.

Para apacentar su rebaño (tarea docente) y para conducirlo por el camino correcto (tarea gubernativa) de una manera segura y eficiente, la

Iglesia Universal y el Sumo Pontífice, en concreto, confían en la **indefectible asistencia del Espíritu Santo**.

Esta es la preclara doctrina de la iglesia, en la cual Vera creía firmemente y aceptaba con ojos cerrados, sin discusión alguna. De aquí su dicho: **"Si el Papa lo aprobó, ni una palabra más"**.

Las decisiones del Santo Padre, en convicción de Vera, eran absolutas, irreversibles e infalibles, ni el nuncio apostólico podía interpretarlas y torcerlas a su antojo.

Para el Vicario de Montevideo, la infalibilidad pontificia no cubría simplemente el terreno de la fe y de la moral, sino que abarcaba la vasta y casi ilimitada esfera de lo doctrinario y disciplinario.

En presencia de las decisiones papales, no se discutía, sino que se obedecía ciegamente. Esta era la enseñanza recibida de los Padres Jesuitas, los únicos religiosos, de entres las numerosas ordenes y congregaciones católicas, **que emitían un cuarto voto, el de obediencia al Papa.**

Visión de la Iglesia

Basado en esas simples verdades, Vera se había formado, casi inconscientemente, una visión de la Iglesia, que se podría denominar **triunfalista**.

Desde un punto de vista teológico, el enunciado "**Extra Ecclesiam nulla salus**", que para nosotros hoy en día suena casi vacío, para el Vicario de Montevideo constituía un primer principio, que no necesitaba de demostraciones y que le daba consistencia y significado al mundo real externo.

En ese mundo existían sólo dos categorías de seres humanos, los que pertenecían a la Iglesia, y los que estaban fuera de ella. Los primeros se salvaban, mientras que los segundos estaban destinados a la damnación eterna. Los unos debían ser ayudados y guiados, los otros, combatidos y destruidos.

Empleando una imagen bíblica, tan común en los escritos y pinturas medievales, por ser de fácil lectura e intelección, la Iglesia era equiparada al **arca de Noé**, única tabla de salvación en un mar de perdición.

Se la asemejaba también a una **ciudadela**, último refugio de una guarnición militar, considerada inexpugnable.

Estas y otras imágenes plásticas y sugestivas de la Iglesia no dejaban lugar para dudas sobre la naturaleza de la misma, que era de origen divino, y sobre su carácter, que era indestructible.

Desde un punto de vista histórico, la Iglesia había ofrecido pruebas irrefutables, a través de su historia milenaria, de su invencibilidad. Bastaba ojear cualquier libro de historia eclesiástica, para verse deslumbrado por sus constantes triunfos, contra el paganismo, la herejías, y los adversarios más feroces.

Los enemigos sanguinarios y bestiales, que se habían propuesto eliminarla de la faz de la tierra, habían sido arrasados ellos mismos, desapareciendo para siempre en el olvido de los siglos.

Si la Iglesia, en concepto de Vera, había sobrevivido a las persecuciones de los emperadores romanos, enfrentado con valentía las invasiones de los bárbaros, debelado la flota turca en la batalla de Lepanto de 1571, y puesto un dique formidable contra la reforma protestante, **¿no sabría acaso detener los avances del gobierno oriental y de sus paladines, los masones y liberales?**

Hombre de gobierno

Saber gobernar es un arte, no una virtud. Por lo general no se adquiere, se perfecciona. No es suficiente ser bueno, modesto y obediente para saber gobernar, hay que poseer cualidades especiales.

Los gobiernos, tanto civil como eclesiástico, poseen las mismas reglas y la misma dinámica. Esta, por naturaleza propia, es política y diplomática.

Hasta el adviento de las democracias modernas, era creencia común que el origen de la autoridad en los gobiernos (monarquías) era Dios. Con la desaparición de los regímenes absolutistas, y el nacimiento de las democracias, el origen de la autoridad non radicará más en Dios sino en el pueblo.

Pero la Iglesia, a diferencia de los gobiernos civiles, seguirá afirmando el origen divino de su autoridad, no por permanecer una monarquía absolutista, sino porque sostenida por su doctrina.

De aquí la diferencia enorme entre gobierno civil y gobierno eclesiástico. El primero deriva su autoridad del pueblo, y cesa ante la voluntad del pueblo, mientras que el segundo la recibe de Dios, y cesa sólo con la muerte o la renuncia voluntaria.

Vera estaba consciente de esta divergencia abismal, y su comportamiento como Vicario, tendrá su explicación última en esta creencia, basada en su fe.

El párroco de Canelones, a diferencia de otros sacerdotes, nunca buscó el cargo de Vicario, y estaba dispuesto a no asentir nunca si llegara el caso. Por confesión del mismo, había siempre mirado con desagrado aquella investidura, por estar bien persuadido que ella sólo ocasionaba disgustos y amargos ratos, haciendo del hombre que debía asumirla una verdadera víctima.

Pero apenas le llegará el diploma de nombramiento, estará plenamente convencido de que el Papa había decidido **personalmente** su nombramiento y que todas las precauciones y rodeos de su delegado para que su persona fuera bien acepta al gobierno y al clero, no eran sino obra de un miedo excesivo frente a los mandones del siglo.

Y he aquí el cambio radical en Vera: de una postura de rechazo total del cargo, a una actitud de imposición, por la fuerza si fuera necesario, de su nombramiento.

De súbdito humilde y obediente, a superior exigente. Da la impresión del nacimiento de una nueva personalidad, inexistente antes. El hombre modesto, esquivo y contrario a todo cargo había desaparecido, dejando lugar a un luchador, pronto a sacrificar su vida para sostener la decisión papal.

Vera, sin tener una preparación especial en Derecho Canónico, sabía muy bien que su autoridad venía directamente del Vicario de Cristo sobre la tierra. Por lo tanto, si el Divino Redentor, por intermedio de su Vicario, lo había elegido para apacentar el rebaño de la República Oriental, ninguna fuerza humana hubiera podido obstaculizar esa decisión de origen divino. Si alguien se hubiera atrevido a hacerlo, se hubiera atraído las justas iras del Omnipotente.

Semejante visión de la autoridad con la cual había sido investido, no cuadraba con la visión de muchos de sus hermanos en el sacerdocio. Estos, con una mentalidad liberal, y sin una preparación teológica tradicional, encaraban la autoridad eclesiástica a la manera de la autoridad civil. Como ésta tenía un origen humano, y como ésta podía ser cambiada por voluntad o presión popular.

Las pasiones humanas, además, tenían un peso no insignificante en esa visión horizontal de la autoridad de Vera. Ese campesino, sin mucha cultura, (ni había terminado sus estudios eclesiásticos), sin méritos especiales o cualidades extraordinarias, sin edad o prestigio, de repente se había transformado en superior, con autoridad y poder. Hasta ayer había sido tratado como uno de los tantos, y ahora de improviso debía ser reverenciado y acatado.

Esto no podía causar sino envidia, repugnancia y aversión. Es por eso que los sacerdotes rebeldes, durante el conflicto causado por la destitución de Brid, se burlaban de su autoridad, se reían de sus amenazas, y despreciaban, con una ligereza incomprensible, las censuras eclesiásticas.

Respaldados por el gobierno y los masones, lo harán echar de la república, sin experimentar ningún remordimiento, al contrario se regocijarán en su destierro y celebrarán su alejamiento, como si se hubiesen librado de la peor pesadilla de sus vidas.

Por su carácter, pero sobre todo por esta visión vertical y dogmática de la autoridad, Vera chocará constantemente con el gobierno, con diversos eclesiásticos e inclusive con el delegado pontificio. Estará firmemente convencido que su posición es la única correcta y que todos los demás están en el error.

Vera era hombre de gobierno, pero sin poseer el arte de gobernar. Esta, en efecto, prescinde de toda investidura divina y se maneja únicamente con categorías humanas.

Vera y las relaciones entre Estado e Iglesia

Las relaciones entre Estado e Iglesia, constituyen el punto neurálgico de donde brotan las fricciones, los choques y las batallas encarnizadas de nuestros protagonistas.

Vale la pena profundizar algunos aspectos, nunca estudiados con anterioridad, porque nos pueden abrir una ventana sobre la enmarañada situación de derecho y de hecho, con las contradicciones inherentes a la misma.

El delegado apostólico Mons. Marini, en una larga comunicación al ministro Arrascaeta, le había expuesto, y de una manera clara y concisa, la doctrina de la Iglesia sobre la potestad soberana de la misma.

Jesucristo al fundar la Iglesia, había establecido en ella una potestad para gobernarla, **soberana en su orden, e independiente de cualquier otra, de orden diverso.**

Puesto que en la Iglesia existe una potestad soberana, ésta por lo mismo tiene el derecho, propio de toda soberanía, de elegir y nombrar a sus ministros, comunicándoles más o menos autoridad según juzgue conveniente para llenar el objeto de su divina institución.

Pero, si la potestad civil tuviese de suyo el derecho de intervenir en la elección y nombramiento que hace de sus ministros la potestad eclesiástica, o impedir a éstos el ejercicio de sus funciones, en este caso a la potestad soberana eclesiástica faltaría la independencia en el uso de uno de sus derechos esenciales y no sería potestad soberana.

Pero, **como es dogma católico que ella es tal**, se sigue de esto que la potestad civil no tiene, ni puede tener de suyo el derecho para intervenir en la elección y nombramiento de los referidos ministros, ni para poner obstáculos al ejercicio de sus facultades.

Con todo, la potestad civil podía intervenir a veces en las elecciones y nombramientos de los ministros de la Iglesia, presentando a clérigos idóneos para los beneficios eclesiásticos vacantes menores, y aun mayores, **pero no por derecho propio y originario**, sino por derecho adquirido únicamente por concesiones de la potestad soberana eclesiástica, y del modo que ésta determinaba; y en esto consistía principalmente lo que se llamaba **derecho de patronato, que la Republica Oriental aun no poseía, por no haberse firmado ningún concordato con la Santa Sede.**

Esta y no otra era la doctrina oficial de la Iglesia, que Vera había abrazado con toda su alma y que estaba dispuesto a defender con su vida.

Diversa y casi contrapuesta era la posición y doctrina oficial del gobierno oriental, que puede resumirse en este enunciado: La República del Uruguay, adquirida la independencia de la monarquía española, había heredado automáticamente de la madre patria el **derecho de patronato**, tal y cual se encontraba en las Leyes de Indias y en la Recopilación de Indias.

El presidente Berro, además de sostener y defender con integridad, como se lo prescribía la Constitución, esta doctrina, poseía una filosofía particular sobre las relaciones entre Estado e Iglesia, y sobre la naturaleza de la misma Iglesia.

En su escrito titulado "Programa de política" publicado en 1858, después de haber expuesto unas ideas sumamente laudatorias de la religión católica, consignaba que ella era la religión del Estado. A ella solamente debían aplicarse favores especiales y la protección directa del Estado. La Iglesia debía ser libre e independiente, porque toda potestad soberana se degrada y envilece en la dependencia. La intervención de la potestad civil en la Iglesia, no debía ser de inspección y corrección, sino de amparo y auxilio.

Con una pincelada de verdadero pensador agregaba: "**El salario liga demasiado: hace servil la condición del que lo recibe, y le quita de ese modo una parte de su dignidad**". Concluía diciendo que lo mejor hubiera sido abrirle la puerta a la Iglesia para que obtuviese recursos permanentes, **sin necesidad de asalariarla**.

Como se puede apreciar tanto Marini, como Vera y Berro sostienen claramente la soberanía e independencia de la Iglesia Católica. Todos rechazan la interferencia indebida del Estado en los asuntos puramente eclesiásticos.

Pero todos de una manera u otra contradicen sus mismas teorías y doctrinas. Si no había ningún concordato entre la Santa Sede y la Republica Oriental (y por ende ningún derecho de patronato), no existía tampoco ninguna obligación jurídica de la una hacia la otra. De hecho se daba una separación entre Estado e Iglesia "ante litteram".

Pero en la práctica la Santa Sede le exigía al Gobierno que cumpliera con su deber de Protector pagándoles un sueldo a los empleados eclesiásticos, que se consideraban, de este modo, dependientes del Estado. Y el Estado, basado en su Constitución, consideraba a la Iglesia Católica, Iglesia de Estado, y como hacía con cualquier funcionario público, les pagaba un sueldo a los eclesiásticos de la Curia, empezando por el Vicario Apostólico.

Queriéndolo o no se estaban amaniatando los unos a los otros. ¿Quién no ve, en efecto, que el salario hace servil la condición del que lo recibe, volviendo dueño al Estado que lo da, creando así una relación de dependencia y dominación entre Iglesia y Estado?

Volviéndose dueño y patrón, el Estado podrá exigirle lo que quiere a la Iglesia.

Marini, Vera y Berro se vuelven prisioneros de sus mismas contradicciones. Si Marini y Vera no querían ninguna interferencia del Estado en el nombramiento del Vicario Apostólico y de los curas interinos, ¿por qué no renunciaban al sueldo, desligándose totalmente de cualquier vinculación?

Si Berro creía en la independencia de la Iglesia y en la no interferencia del gobierno en los asuntos eclesiásticos, ¿por qué se volvía paranoico con la prohibición de enterrar a Jakobsen en el cementerio católico y con la destitución del cura de la iglesia Matriz?

Todo esto parecería ilógico y absurdo, y lo era en realidad porque ilógica y absurda era la situación en la cual se vivía en la Republica Oriental del Uruguay.

Por otra parte, Berro es el único que descubre la anormalidad, verdaderamente indigna para la iglesia católica, y apunta a una posible solución con la eliminación del salario.

Pero la verdadera solución, que ya existía de derecho (no concordato, no obligación jurídica), sin ser reconocida por nadie, era la amenaza, repetidas varias veces por el gobierno Berro, de una **separación entre Estado e Iglesia**. De realizarse, se hubiera convertido en una verdadera bendición y se hubiera adelantado a los tiempos modernos.

Vera, encapsulado en la doctrina oficial de la Iglesia, se vendaba los ojos e inmovilizaba su mente, volviéndose incapaz de descubrir la anormalidad y de buscar una solución.

Siendo un hombre no apegado al dinero, hubiera sido sumamente fácil renunciar al sueldo del Gobierno e independizar así a su iglesia. ¡Cuántas veces se le había pedido que se encontrara con el gobierno para discutir los problemas de fondo! Quizás Berro, más ilustrado y pensador, hubiera podido hallar alguna solución satisfactoria para ambas partes.

Pero un abismo separaba a los dos. Las personalidades de ambos no poseían ningún punto en común, excepto por el alto concepto que ambos tenían de su propia autoridad.

Si el Vicario de Montevideo hubiera podido renunciar con facilidad al sueldo, y si hubiera hallado un tanto incómodo sentarse y dialogar con el presidente, hubiera sido del todo imposible renunciar a la doctrina de la Iglesia, que ya no se adecuaba a las exigencias de los tiempos. Jamás Vera se hubiera apartado un ápice de la tradición.

Con nuestra mentalidad moderna, es difícil captar las implicaciones de ciertas posturas ideológicas, y por tanto apreciar debidamente el fervor y la pasión sobre cuestiones que hoy en día no tienen ninguna relevancia.

Una última consideración. La relatividad y a veces la futilidad de implacables y sangrientas batallas de antaño nos debería volver más precavidos acerca de nuestras luchas de hoy, que probablemente recibirán el mismo apelativo de insignificantes y pueriles por parte de las generaciones que nos seguirán.

¿Cuándo aprenderá la humanidad a dejar la espada que está usando en aras de la religión y de Dios o en nombre de la libertad y progreso, para agarrar en sus manos, en nombre de la fraternidad humana, el arado abriendo el surco del diálogo, del entendimiento y de la colaboración?

Hay poquísimos modelos en el pasado que nos proponen este camino, y entre ellos, campea monumental el Jesús histórico, que brilla con una luz toda particular, con la aureola de la divinidad.

Vera y sus modelos históricos

Es curioso que Vera escogiese de entre los múltiples modelos históricos, no a Jesús, sino a Osio de Córdoba, a San Ambrosio de Milán, y a su bienamado Papa Pío IX.

Jesús, a pesar de ser una constante referencia ascética en la vida de Jacinto Vera, nunca llegó a ser una referencia operativa en sus relaciones con el Estado.

Su elección habla bien a las claras de su entonación ideológica y de sus preferencias.

¿Serán estas figuras las que guiarán al Vicario en su congénita oposición a la sociedad liberal y al gobierno de Berro, o será su lectura ideológica de estos personajes, la que los convertirán en modelos para su acción?

Veamos de cerca a cada uno de estos afamados motivadores.

Osio de Córdoba (256-357)

Osio nació en Córdoba (España) de una noble familia romana y falleció desterrado en Sirmio (Serbia).

A los 38 años de edad es nombrado obispo de su ciudad natal. Durante la persecución de Diocleciano y Maximiano es sometido a torturas y enviado al destierro por su fe.

Después de este tiempo de prueba, cambia totalmente su suerte. De perseguido se vuelve admirado y solicitado. El mismo emperador Constantino lo hace su consejero personal. Parece que el edicto de Milán del año 313, sobre la tolerancia religiosa en el imperio, y por lo tanto de la cesación de las hostilidades contra los cristianos, haya sido obra del obispo de Córdoba.

Mantiene una profunda relación personal con el emperador. Lo catequiza y lo prepara para el bautismo, que recibirá en el momento de su muerte.

Osio es conocido principalmente por su actividad contra el arrianismo, herejía que negaba la divinidad de Cristo y su consubstancialidad con el Padre. Enviado por Constantino para calmar esa peligrosa disputa, que amenazaba la división de la cristiandad, no pudo reconciliar las posiciones encontradas de Arrio y San Atanasio. Entonces, por orden de Constantino, convoca el famoso concilio de Nicea (323). Arrio es condenado, y el mismo Osio redacta el símbolo de fe (el Credo Niceno) en donde se proclama la divinidad y consubstancialidad del Padre con el Hijo. Veinte años más tarde, convoca el concilio de Sárdica (343), en donde se reafirma la condena del arrianismo.

Dos años antes de su muerte, siendo ya casi centenario, el emperador proarriano Constancio, determina cortar con la influencia de Osio, y lo obliga a condenar a San Atanasio, campeón contra la herejía de Arrio. Para nada temeroso de las amenazas imperiales, le escribe una carta al emperador, diciéndole que durante el reino de su abuelo Maximiano, él había sido confesor de la fe, y estaba dispuesto a padecerlo nuevamente todo antes que traicionar su fe y la verdad.

A continuación, en su carta, establece los límites de ambas potestades, religiosa y política: "Dios te confirió el **imperio**, a nosotros las cosas de la **iglesia...** Ni a nosotros es lícito tener **potestad en la tierra**, ni tú, Emperador, la tienes **en lo sagrado**". Es la primera afirmación histórica de la separación entre la autoridad civil y la autoridad eclesiástica.

El emperador, en un concilio convocado con la finalidad de rehabilitar a Arrio, forzó Osio con torturas a condenar a San Atanasio. Rehusándose éste, lo condenó al destierro en Sirmio, en donde falleció.

Los hechos que relatan sus últimos días, no son muy claros. Parece que firmó una segunda formula sirmiana, comprometedora de la fe. De ahí la expresión de San Atanasio de un "lapso momentáneo" por parte de Osio.

No obstante posibles incertidumbres sobre sus últimos actos, no cabe ninguna duda que Osio fue uno de los más grandes campeones de la fe nicena. Su influencia, dentro de la Iglesia y en las esferas políticas, fue enorme. Sus cualidades naturales, su tacto diplomático, su prudencia y su coherencia, lo hicieron acreedor a la estima y admiración universal.

Su figura y su influencia desbordan los marcos históricos de su época, para transformase en un personaje universal.

Desgraciadamente Vera captó e hizo suya sólo una parte mínima de esta personalidad extraordinaria: su lucha contra el arrianismo y su oposición a la autoridad civil arriana.

Se olvidó de la acción de consejero y catequista hacia Constantino, del papel de conciliador entre Arrio y San Atanasio, del rol eminente en los diversos concilios, del edicto de tolerancia y de su posición precursora en la relaciones entre estado e iglesia.

Osio no era un mero **repetidor** de la tradición, sino un **innovador** para dar una respuesta a las exigencias de los tiempos.

Ambrosio de Milán

Querer sintetizar la vida de San Ambrosio en una o dos páginas sería del todo pretencioso. Nos limitaremos a algunos aspectos de su rica personalidad que tienen relación con nuestro estudio.

Ambrosio nació en el año 340 de una familia romana que se había convertido al cristianismo muchos años antes. Su padre, del mismo nombre, era prefecto de la Galia, una de las grandes prefecturas del Imperio. A la muerte del padre (año 354), la familia volvió a Roma, en donde el joven recibió, además de una esmerada educación cristiana, una cuidadosa instrucción liberal.

Después de esto se dedicó al estudio y práctica del derecho. Muy pronto se distinguió por su habilidad, elocuencia y sobre todo por sus modales ecuánimes y magnánimos, que le procuraban la simpatía y benevolencia de cuantos venían en contacto con él.

El emperador Valentiniano lo elevó al puesto de gobernador consular de Liguria y Emilia, con residencia en Milán. Lo único que se sabe de este periodo es que con su administración honesta y sobretodo humanitaria se granjeó el afecto y estima de todos sus súbditos; tanto es así, que a la muerte del obispo de Milán, sucedió algo muy sorprendente e inesperado.

Encargado de mantener el orden, se dirigió a la basílica en donde se encontraban el clero y el pueblo para hacer un llamado a la unidad y concordia, cuando una voz de entre la multitud interrumpió su alocución y gritó: "¡Ambrosio obispo!". Cosa increíble, el gobernador consular, inmensamente popular y siendo todavía catecúmeno, fue elegido por unanimidad obispo de Milán.

No obstante sus iniciales resistencias, por considerarse no preparado para el puesto, aceptó ese cargo delicado, y se esmeró en desempeñarlo con una altura y competencia admirables.

El hecho de la vida de Ambrosio que atrajo más la atención de Vera es la imposición del obispo al emperador Teodosio de una penitencia pública, por la ordenada masacre de 7,000 personas, en retribución por la muerte de sus enviados.

Este hecho, de extraordinaria importancia, desde su inicio tuvo dos interpretaciones muy diversas.

La primera veía la superioridad de la Iglesia sobre el Imperio, en donde con autoridad divina ésta le impone el castigo al emperador pecador y le pide que humillándose obtenga el perdón de Dios a través de su ministro. Esta es naturalmente la interpretación abrazada con entusiasmo por Vera.

La segunda, por el contrario, veía a la Iglesia en la veste de una madre, que le pide al hijo con bondad y ternura que se arrepienta. Ninguna superioridad, ninguna humillación, sino magnanimidad por un lado y arrepentimiento por el otro.

Ni decir, que esta segunda interpretación, tiene su fundamento histórico, mientras que la otra es una pura elaboración de una cierta ideología eclesiástica.

Esto, en efecto, es lo que sucedió, y que cuadra perfectamente con la personalidad del obispo de Milán.

Ambrosio, apenas supo del sanguinario episodio, evitó encontrarse con el emperador y celebrar el divino sacrificio en su presencia. Para darle tiempo a Teodosio de ponderar la atrocidad de su acción, el Santo se excusó y alegó una enfermedad. No obstante estar consciente que esta actitud le procuraría el apellido de cobarde, se retiró al campo, desde donde envió una carta confidencial al emperador, invitándolo con una suavidad propia de su magnanimidad al arrepentimiento y a la penitencia pública.

El prestigio y la autoridad moral de Ambrosio eran tan grandes que consiguieron el milagro, que ninguna otra actitud altanera o pseudo religiosa hubiera podido conseguir.

El mismo Ambrosio describe la escena conmovedora del emperador, que despojado de todas sus insignias imperiales, llora en la iglesia sus pecados públicamente. El emperador no se había avergonzado de someterse, porque amaba profundamente a Dios y apreciaba la inmensa delicadeza y bondad de ese obispo tan magnánimo, privo de la petulante piedad y religiosidad ostentadas por no pocos eclesiásticos.

El Vicario de Montevideo jamás hubiera aceptado esta versión de los hechos, por no conformarse con su ideología. Lo que él llamaba pecho ambrosiano, se podría definir con mayor propiedad, como altanería, orgullo, y celo mal dirigido.

Cuando uno es grande, y sobre todo religioso, no necesita humillar a nadie para conseguir el efecto deseado.

Pío IX

El tercer modelo, del cual trae su inspiración ideológica y operativa el Vicario de Montevideo, es su contemporáneo el Papa Giovanni Maria Mastai-Ferretti. El vicariato de Vera coincide con la lenta disgregación de los Estados Pontificios. Territorio tras territorio es anexado al reino de Italia, dejando al Pontífice, virtualmente prisionero en la ciudad leonina, y sin ninguna autoridad temporal.

Pío IX, que había sido elegido por el ala liberal de los cardenales, en oposición al candidato conservador del partido opuesto, inició su pontificado con gestos de clara liberalización y renovación. Sus concesiones, en lugar de apaciguar los ánimos, crearon más descontento y mayores demandas.

Los graves tumultos de 1848, lo forzaron a abandonar Roma disfrazado, refugiándose en la ciudad de Gaeta. El 12 de abril de 1850, con la ayuda de las tropas francesas, pudo regresar a Roma, retomando el gobierno de los Estados Pontificios.

Este regreso inaugura un periodo totalmente nuevo, tanto ideológica como operativamente. De papa liberal se transforma en papa conservador, de "carbonaro" o "revolucionario", como se le había llamado al inicio, en reaccionario y ultramontano.

Los trágicos acontecimientos históricos habían obrado en esa persona de carácter bueno y alegre, generoso y comprensivo, la gran metamorfosis, la conversión radical. El antiguo liberal se había vuelto conservador. Y este será el sello definitivo de su pontificado.

Su lucha, para conservar el poder temporal, fracasó sin piedad contra el escollo de la voluntad popular que ansiaba la unificación de Italia. De la misma manera se malogró su esfuerzo en contra de las corrientes liberales que estaban agitando toda Europa.

Sus múltiples condenas ("Quanta Cura", "Syllabus", etc.), no surtieron el efecto deseado, sino que envalentonaron sus adversarios ideológicos. En lugar de participar en el desarrollo de la sociedad, la Iglesia se encerró en una posición negativa ("non possumus") y de condena.

Este era el aspecto de Pío IX que más cautivaba al Vicario de Montevideo, su neta oposición al mundo moderno. **No diálogo, no interacción, sino rechazo de todo lo que era moderno y con sabor a liberal.** Aunque el origen de ambos fuera diverso, (Mastai-Ferretti liberal, Vera conservador), el camino histórico recorrido, los unió fuertemente transformando el primero en reaccionario, y el segundo en súper conservador.

Sin conocerse personalmente, se apreciaban y admiraban mutuamente. Que Pío IX admirara a

Vera, no hay lugar a duda. Basta releer parte de la primera entrevista con el Sumo Pontífice, relatada con cierta simplicidad por el sacerdote Letamendi. "Aproveché bien el tiempo para hablar de Ud. [Vera] y sobre la cuestión eclesiástica, los motivos que el Gobierno tuvo para volverlo del destierro, el recibimiento que tuvo en su vuelta, el palo que con esto le dio el pueblo al Presidente que lo desterró, al oír esto no puede Ud. figurar las carcajadas de risa que larga [Pío IX] de gusto y me decía de vez en cuando, ¡A! La mano de Dios defiende su casa".

El Papa se deleita en la actitud firme del Vicario de Montevideo, aprecia enormemente su coraje en enfrentarse con el destierro antes que ceder frente al poder temporal. El Pontífice había experimentado en carne propia la fuga, la humillación y los abusos de los políticos. En todos esos acontecimientos veía la mano de la Providencia que protegía a su Iglesia.

Si uno dudara de la verdad de esta fuente, no podrá abrigar ninguna sospecha sobre la actitud de Pío IX, al presentársele el pedido de nombrar al Vicario de Montevideo, obispo "in partibus".

Sin verificarse las condiciones tantas veces exigidas con anterioridad, el Papa personalmente mete en movimiento la lenta maquinaria vaticana, y en tiempo récord se efectúa el nombramiento del hombre que apreciaba de todo corazón.

Al manifestar su aprecio por este personaje que nunca había encontrado, cuyo carácter terco había puesto a dura prueba los nervios de su delegado apostólico, exteriorizaba su desagrado por la gestión de ese enviado con una expresión reveladora. "¿Y el nuncio? He, he, he, no se ha portado bien, no, no, no, no, ahora debe venir aquí, sí, sí, debe venir".

Habían sido tantas las relaciones adversas de Vera y sus amigos sobre Marini, que los papeles se habían invertido. El villano se había convertido en héroe, y el héroe en villano.

Que Vera apreciara profundamente al Papa, y que lo amara con todas las fibras de su corazón, no puede caber la menor duda. Hubiera hecho cualquier cosa por él, incluso sacrificarse como un cordero llevado al matadero.

Para Vera, el Papa, que extrañamente compartía su ideología y actitud frente a los mandones del mundo, era el representante de Cristo sobre la tierra. Se le debía la máxima veneración y una obediencia, que no necesitaba ni clarificaciones ni puntualizaciones.

Hubiera podido recelar de Marini, responderle con arrogancia, y pasar por encima de él negándole el respeto y el acatamiento debidos, pero nunca se hubiera permitido dudar del Vicario de Cristo en la tierra, o desobedecerle aunque fuera en una de sus más mínimas indicaciones.

Era fácil prestarle obediencia a una persona lejana que no se veía, mientras que le resultaba muy duro acatar la autoridad de alguien que no compartía su ideología y menos aun sus métodos.

De tratar personalmente con el Vicario de Montevideo, ¿hubiera el papa mantenido la misma admiración y aprecio por él, o le hubiera acontecido lo mismo que a su delegado?

Si Vera se hubiera inventado un modelo para seguir, probablemente no hubiera podido crear nada mejor de lo que le ofrecía Pío IX. Eran dos ánimas gemelas, no obstante las diferencias de nacimiento, cultura y educación.

De los tres modelos históricos presentados, la única lectura acertada de Vera es sin duda alguna la tercera.

Vera y sus previsiones históricas

Como se acaba de ver, su lectura de los modelos históricos fue condicionada, de una manera parcial, por su ideología. ¿Sucederá lo mismo con sus previsiones del futuro?

Saber leer e interpretar los "signos de los tiempos" era un requisito para la salvación, durante el periodo mesiánico (Mt 16, 2-3).

En todos los tiempos es sumamente importante saber discernir y juzgar acontecimientos y personajes que determinan el destino de los pueblos, y de esta manera condicionan también nuestro obrar.

¿Leyó Vera correctamente a los que forjaban el destino de su país, y por lo tanto también el suyo o se dejó llevar por categorías y preconceptos, propios de su visión del mundo y de la sociedad?

Primera previsión. En ocasión de su nombramiento, le escribía a su amigo Ereño que en vano se empeñaban en su candidatura, porque su nombramiento no sería aceptado por el gobierno Pereira, poco religioso y que había arrojado despóticamente a los Jesuitas.

¿Ignoraban ellos, seguía escribiendo, que su nombramiento encontraría tropiezos y dificultades desde el momento que iba a manar de un gobierno acostumbrado a entenderse con un prelado débil?

"Tú sabes y lo sabe Monseñor, escribía al mismo Ereño, que fui el móvil principal, que puso en acción al clero de este país, para contener los avances del poder y de la prensa en el escandaloso suceso de los Jesuitas", mereciendo así la calificación de **agente** de los mismos.

Vera era consciente que con su acción se había enemistado al Gobierno y que éste no aceptaría nunca su candidatura para el Vicariato. En consecuencia, todo esfuerzo de Marini y de los otros amigos se reputaba inútil. El Vicario de Montevideo, además, tenía plena confianza y **sabía de ciencia cierta** que cualquiera de las personas indicadas para la próxima presidencia admitiría su nombramiento.

Daba la impresión de que Vera había sondeado la opinión de gente de la esfera gubernativa y podía afirmar, con una certeza casi matemática ("sabía de ciencia cierta"), que quienquiera hubiese sido el nuevo presidente, éste le hubiera sido favorable.

Descartaba definitivamente al presidente Pereira, por ser poco religioso, antijesuita y masón, mientras que reponía una confianza ciega en la nueva administración.

Lo que en realidad sucedió, fue exactamente lo opuesto. Gracias a los esfuerzos del delegado apostólico y de personas influyentes en Montevideo, la terna propuesta por Marini, en la cual se incluía también el nombre de Vera, fue aceptada por Pereira.

Se debe agregar, en fin, que el párroco de Canelones, había juzgado la propuesta de la terna, una maniobra diplomática totalmente equivocada. En su opinión se debía imponer su nombramiento a solas y a secas.

Segunda previsión. La nueva administración del presidente Bernardo Prudencio Berro había empezado bajo los mejores auspicios, en opinión de Vera. Con fundada esperanza se lo estimaba como favorable a la religión, viendo en los inicios de su administración "un preludio precoz de felices resultados".

¿Era posible esperarse algo diverso del hijo de Juana Larrañaga, hermana del primer Vicario Apostólico del Uruguay? Había sido educado en la doctrina y práctica religiosa con esmero. También como presidente, "concurría invariablemente todos los días festivos a la Matriz a oír Misa de una, acompañado por sus edecanes los coroneles Lorenzo García y Manuel Mendoza".

Sin embargo, bajo esa educación y práctica religiosa esmeradas, se escondía una mente liberal y lo que era peor unególatra y un adorador del Estado. Su persona, y la autoridad del Estado que él representaba, estaban por encima de la Iglesia y de cualquier otro poder humano.

Vera, que había puesto esperanzas exorbitantes en este presidente, se desengañará muy pronto, y pasará de los comentarios más laudatorios a las recriminaciones y denuncias más ofensivas y despectivas.

Las peores humillaciones, casación del **exequátur** dado a su nombramiento como Vicario Apostólico, y el destierro sin juicio, eran frutos de las decisiones frías y calculadas de ese hombre, reputado sumamente religioso.

Ningún presidente anterior había tomado medidas tan radicales contra la máxima autoridad eclesiástica del país. El Mesías que había debido salvarlo, lo ponía en la cruz, lavándose las manos, como si hubiese llevado a cabo un acto de justicia beneficioso para la Republica Oriental. La más rósea previsión se había convertido en el revés más doloroso.

Tercera previsión. El deseo del presidente de arreglar el conflicto, causado por la destitución del cura párroco de la Matriz, y la consiguiente misión Castellanos, no sólo serán juzgados de una manera del todo inapropiada y torcida, sino que encontrarán la oposición más tenaz por parte de Vera.

Si él no había podido llegar a una solución satisfactoria en ese malhadado negocio, ningún otro podrá concluir un arreglo satisfactorio. Su lema parecía ser: o Vera, o nadie.

El Vicario informado del envío de esa misión pensaba que si Castellanos no se apartaba de sus pretensiones, o no recibía otras instrucciones (que curiosamente él no conocía) más ajustadas a los principios de la Iglesia, volvería a Montevideo, llevando lo mismo que se había pronosticado, o sea "la cabeza caliente y los pies fríos", y con algún mareo si no era algo diestro en navegación.

El 13 de diciembre le escribía a su amigo Requena: "**Entonces veremos quien tiene mejor ojo, o quien será mejor profeta, si el que dijo lo que precede** [Vera] **o los Señores del pavo** [Castellanos y Vázquez Sagastume]".

El Vicario de Montevideo, siempre muy seguro de sí mismo y de sus opiniones, hace alarde de tener mejor ojo, y de ser mejor profeta. No duda ni por un instante de leer correctamente la situación y los personajes.

Vera repetirá hasta el cansancio sus opiniones negativas sobre el negociado. Le escribía, en efecto, al mismo Requena: "...pero todo va quedando y le aseguro, quedará sin resultado. Tendrá el Gran Oriente [Castellanos y Vázquez Sagastume], que regresar como vino, a pesar de haber en estos últimos días logrado extrañas simpatías con Monseñor. Mas como ni éste, ni aquéllos nada pueden sin el asentimiento del Vicario Apostólico, quedará frustrada toda tentativa".

No vale la pena volver sobre la odisea de ese enredado y caótico negociado en donde Vera da muestras de una terquedad insuperable y de una insensibilidad sin iguales. Sus puntos de vista son tan limitados y sus previsiones tan equivocadas que viene espontáneo preguntarse ¿es posible que un eclesiástico, que hace las veces del Sumo Pontífice en el territorio oriental, llegue a actuar de una manera tan cerrada y obtusa? La única explicación posible es su amor incondicionado a la Iglesia, y la creencia, casi mágica, en su autoridad derivada directamente del Vicario de Cristo en la tierra.

Cuarta previsión. La única previsión que podría rescatarlo en algo, pero que no tiene ningún efecto operativo, o sea que no incide en el desarrollo de los acontecimientos, es la que hizo al enterarse de su posible nombramiento como Vicario.

En aquella ocasión le manifestó a su amigo jesuita Sató que siempre había mirado con desagrado aquella investidura, por estar bien persuadido que ella sólo ocasionaba disgustos y amargos ratos, haciendo del hombre que debía asumirla una verdadera víctima.

Sí, Vera se había vuelto víctima de sus propios prejuicios, no por ocupar ese cargo y ejercer esa autoridad, sino por su carácter y poca ilustración.

El Vicario de Montevideo albergaba en su seno la fuente y el origen de disgustos, amargos ratos y sobre todo tropiezos y yerros. **No era el cargo que lo hacía antipático, sino su carácter y personalidad.**

Pero no hay que olvidar que lo que era antipático para Marini, Berro, y muchos otros, era sumamente simpático para Pío IX, Requena, y los numerosos amigos íntimos del Vicario.

Las dos caras de la moneda

Todo hombre, como toda moneda, tiene dos caras, la de los aspectos positivos, y la de los aspectos negativos, o como se le suele llamar más comúnmente, el lado positivo y el lado oscuro de la personalidad humana.

Y esto, no por el simple hecho de que el mismo aspecto puede ser agradable a uno y desagradable a otro, sino porque en realidad existe una potencialidad negativa en el hombre, que puede revelarse en los momentos de crisis.

Lado positivo de la personalidad del Vicario

El Vicario de Montevideo tiene múltiples aspectos positivos, que sin duda le merecieron el nombramiento para el cargo eclesiástico más alto en la Republica Oriental.

De entre ellos escogeremos sólo tres, no por ser los más importantes ni los más significativos, sino porque nos proyectan nueva luz sobre su compleja personalidad.

Se hablará de Vera como sujeto **moral, trabajador y asceta**.

Sujeto moral. Nadie puede dudar de la moralidad acendrada de Jacinto Vera. Sus enemigos más acérrimos, que querían impedir a toda costa su ascenso a la silla vicarial, si hubiesen conocido o encontrado algo en ese sector, no hubieran titubeado un instante, en manchar su nombre y destruir su fama.

Desde el momento que no había nada, se inventaron una acusación calumniosa, que podía tener algo de verosímil (se asemejaba un poco a las acusaciones que se hicieron contra los Padres Jesuitas para echarlos del país), pero que fue negada rotundamente por las mismas personas implicadas.

El calumniador Juan Bautista Castro Veiga le imputaba a Vera, consejero espiritual de su mujer, que con sus consejos jesuíticos había destruido su matrimonio, y desquiciada la unidad familiar.

Fue tanta la indignación popular que a diferencia con la expulsión de los Jesuitas, se tuvo que dar marcha atrás, y suspender la causa criminal introducida ante el tribunal eclesiástico. No se les puede negar coherencia y consistencia a los masones.

El hombre moral, que nadie podía enlodar aunque las ganas no faltaran, tenía en su programa pastoral una prioridad clara: moralización del pueblo, y moralización del clero.

La moralidad no debía ser exclusiva del líder espiritual, sino que debía resplandecer, como diamante bañado por los rayos solares, en las ovejas y en los pastores. En efecto, "bonum diffusivum sui".

Las ovejas, durante sus extenuantes misiones, respondieron de una manera excelente, sobrepasando toda expectativa, con innumerables confesiones, comuniones y sobretodo con el arreglo de uniones matrimoniales. Esto, evidentemente, llenó el corazón del Pastor de una alegría indescriptible.

No tuvo igual suerte con el clero. Por el contrario, se le convirtió en el talón de Aquiles.

Cuando, en efecto, quiso remover al cura de la Matriz, por su conducta escandalosa y licenciosa, se desataron todas las furias del averno. Como contrapartida, su conducta firme y consecuente le mereció el destierro y con eso la aureola de mártir.

Por el alto ideal de la moral, estuvo dispuesto a sacrificarse en el altar de las pasiones humanas.

Ejemplo extremadamente elocuente que enmudecerá a sus adversarios, y llenará de admiración y aprecio a todos sus fieles.

Trabajador. Se suele afirmar que el trabajo ennoblece al hombre. Nosotros podríamos afirmar que los primeros veinte años de Vera transcurridos en el campo, ganándose el pan de cada día con el sudor de la frente, no sólo le consiguieron el titulo de una nobleza, despreciada entre los hombres, sino que le inculcaron las raras virtudes de la simplicidad, sinceridad y honestidad, igualmente descuidadas por la mayor parte de los seres humanos.

Semejante ética espartana, careciente de las sofisticaciones propias de la sociedad urbana, y llevada a los extremos, le causará no pocos fastidios y embarazos.

Con todo, él nunca se avergonzará de sus origines, y por un instinto natural, mirará con recelo y sospecha a los hombres de altura y poder.

Su hábito de trabajador incansable constituirá una de sus características más admirables. Esta aparece con claridad meridiana durante las memorables misiones en el interior del país. Se sometía, y sometía a sus ayudantes, a un horario extenuante y agotador. De aquí las continuas quejas de esos sacerdotes que lo coadyuvaban, por no estar acostumbrados a ese ritmo endiablado.

Basta releer algunas de esas cartas, enviadas a los amigos de Montevideo, para darse cuenta de lo agobiante de esa tarea apostólica, embrazada con generosidad, pero llevada a cabo a regañadientes.

Como Vera era exigente consigo mismo, de la misma manera será duro e insensible con las personas que lo rodean, sin darles mucho peso a sus quejas y lamentaciones.

Cuando parecía que su actividad febril había alcanzado un punto muerto, con su forzado destierro, Vera no se dio por vencido, por el contrario, emprendió con el mismo celo y ardor apostólico, una obra humilde de confesor y predicador en conventos de hermanas, en instituciones religiosas y en cualquier otro lugar en el cual se solicitara su ayuda.

No hace falta decir que este empeño, digno de toda admiración, le procuró gratitud y veneración. **La abundancia de su caridad cubría la multitud de sus fallas y deficiencias.**

Como había vivido **misionando**, así también morirá, **misionando**. Esta era su pasión suprema.

Asceta. El mundo acético de Vera tiene unas coordenadas fundamentales que se pueden resumir de este modo. El hombre corrompido por el pecado original, alcanza la salvación sólo por la gracia de Dios a través de los sacramentos.

La finalidad del ser humano en este mundo no es el perseguimiento y consecución de la felicidad, sino el llevar a cabo una misión particular con el cumplimiento de sus deberes y obligaciones.

El cuerpo no va acariciado, sino castigado por medio del **sacrificio, penitencia y abstinencia**. Es como un animal salvaje, que aunque domesticado, puede en cualquier momento rebelarse contra su propio amo.

El Vicario de Montevideo creía firmemente en la transitoriedad de las cosas de este mundo. Nadie debía equivocarse, porque los tiempos pasaban y las personas con ellos. Un momento sucedía a otro, y sonaría la hora de la soledad. "Sic transit gloria mundi".

Los contratiempos de su vida de Vicario, en lugar de ser estudiados en sus raíces humanas, eran constantemente mistificados mediante unas reflexiones ascéticas, siendo la principal de ellas el "fiat volutans tua", o sea conformarse en todo al beneplácito divino, de otro modo sería apartarse de aquel sendero, que llama Kempis **camino real de la cruz**.

"1.Esta palabra parece dura a muchos: Niégate a ti mismo, toma tu cruz, y sigue a Jesús. Pero mucho más duro será oír aquella postrera palabra: Apartaos de mí, malditos, al fuego eterno. Pues los que ahora oyen y siguen de buena voluntad la palabra de la cruz, no temerán entonces oír la palabra de la eterna condenación. Esta señal de la cruz estará en el cielo, cuando el Señor vendrá a juzgar. Entonces todos los siervos de la cruz, que se conformaron en la vida con el crucificado, se llegarán a Cristo juez con gran confianza.

2. Pues que así es, ¿por qué teméis tomar la cruz, por la cual se va al reino? En la cruz está la salud, en la cruz la vida, en la cruz está la defensa de los enemigos, en la cruz está la infusión de la suavidad soberana, en la cruz está la fortaleza del corazón, en la cruz está el gozo del espíritu, en la

cruz está la suma virtud, en la cruz está la perfección de la santidad. No está la salud del alma, ni la esperanza de la vida eterna, sino en la cruz. Toma, pues, tu cruz, y sigue a Jesús, e irás a la vida eterna" (Imitación de Cristo, libro 12, 1-2).

"Disponte, pues, como buen y fiel siervo de Cristo, para llevar varonilmente la cruz de tu Señor crucificado por tu amor. Prepárate a sufrir muchas adversidades y diversas incomodidades en esta miserable vida; porque así estará contigo Jesús adondequiera que fueres; y de verdad que le hallarás en cualquier parte que te escondas" (Imitación de Cristo, libro 12, 10).

Explicando más su método ascético, afirmaba que el católico de corazón tiene esta grande ventaja, o sea que los males, clasificados como tales por el mundo, para el cristiano se convierten en bienes, pues, todo lo mira y recibe como ordenaciones de Dios. Sometiéndose con humilde resignación logra el adelanto en la virtud cristiana, única finalidad a la que está llamado durante toda su vida.

Esta visión de humilde aceptación de todos los obstáculos y sinsabores encontrados en nuestra peregrinación terrena, convivía en Vera de una manera pacífica con una conducta obstinada y terca, que le acarreará los reproches del nuncio y la animosidad y aversión de las autoridades políticas.

Se transcribirán algunos pasajes más del manual ascético de Vera, **La Imitación de Cristo**, para poder aferrar con mayor claridad ese mundo tan contrario y antitético al nuestro.

"¡Oh, cuán presto se pasa la gloria del mundo! Pluguiera a Dios que su vida concordara con su ciencia, y entonces hubieran estudiado y leído bien. ¡Cuántos perecen en este siglo por su vana ciencia, que cuidan poco del servicio de Dios! Y porque eligen ser más grandes que humildes, por eso se hacen vanos en sus pensamientos. Verdaderamente es grande el que tiene gran caridad. Verdaderamente es grande el que se tiene por pequeño y tiene en nada la más encumbrada honra. Verdaderamente es prudente el que todo lo terreno tiene por estiércol (I Phil., 3, 8) para ganar a Cristo. **Y verdaderamente es sabio el que hace la voluntad de Dios y deja la suya**" (La Imitación de Cristo, libro 1, 3, 5).

"Vanidad es, pues, buscar riquezas perecederas y esperar en ellas. También es vanidad desear honras y ensalzarse vanamente. Vanidad es seguir el apetito de la carne y desear aquello por donde después te sea necesario ser castigado gravemente. Vanidad es desear larga vida y no cuidar que sea buena. Vanidad es mirar solamente a esta presente vida y no prever lo venidero. Vanidad es amar lo que tan presto se pasa y no buscar con solicitud el gozo perdurable.

Acuérdate frecuentemente de aquel dicho de la Escritura: No se harta la vista de ver ni el oído de oír (Eccl., 1, 8). Procura, pues, desviar tu corazón de lo visible y traspasarlo a lo invisible, porque los que siguen su sensualidad manchan su conciencia, y pierden la gracia de Dios" (La Imitación de Cristo, libro 1, 3-4).

Estas y otras enseñanzas semejantes no constituían para el Vicario de Montevideo, una piadosa lectura, que se disfruta durante un retiro espiritual o en momentos de ocio, llenando la mente de buenas intenciones y dejando el obrar estéril y sin efectos concretos.

Ellas formaban su pan de cada día, por medio de una meditación constante y una implementación escrupulosa.

En consonancia con esta visión ascética, Vera rehuía de toda búsqueda desordenada de dinero, de toda comodidad burguesa, de toda ostentación jactanciosa y vanagloriosa, entregándose alma y cuerpo a la salvación de sus fieles, para la mayor gloria de Dios. "Ad majorem Dei gloriam" era su grito de batalla, como lo era para sus idolatrados Padres Jesuitas.

Muchas de sus posturas rígidas e inflexibles, muchas de sus actitudes destempladas e impertinentes, tienen su explicación profunda, aunque parezca increíble, en esta visión ascética.

Para entender mejor esta última afirmación, baste recordar aquí lo que se escribió a propósito de la ideología religiosa de José Benito Lamas:

"Desprecio del mundo por una parte, ratificación del orden natural y social por la otra;

descompromiso por una y compromiso por el orden establecido por otra. Son las dos caras de una misma moneda, de un único movimiento vital; de la resolución de esta dialéctica surgen distintos modelos de cristianismo sacral, uno más polarizado en el desprecio del mundo, otro más polarizado en el compromiso con el sistema. Así como históricamente la misma pastoral y visión de cristiandad dio origen a los anacoretas y ermitaños por un lado, y a los cruzados y papas guerreros por el otro" [5].

Vera era la personificación viviente de semejante dialéctica. Por un lado, una visión y práctica ascética de fuga del mundo, en donde todo era vanidad, inconsistencia y decepción. Por el otro, un empeño descomunal para invertir el curso liberal de una sociedad masónica, que repudiaba todo lo que era católico.

---

[5] **Dario Lisiero**, José Benito Lamas, II Relectura del pensamiento y de la acción de José Benito Lamas, p. 86

Lado oscuro de la personalidad del Vicario.

El hombre que había escogido y últimamente nombrado al párroco de Canelones para Vicario Apostólico, el hombre al cual se le había desprendido el ombligo, en expresión ranchera, por la inmensa alegría de la aceptación por parte del gobierno de su candidato, ese mismo hombre, Mons. Marino Marini, durante los momentos más cruciales de la negociación en Buenos Aires, había llegado al punto de arrepentirse de ese nombramiento, experimentando el dolor y la desilusión que Dios había experimentado después de haber creado al hombre (Gn 6, 6-7), al verlo caer en la degeneración más completa y decretando en consecuencia el diluvio universal.

No se paraba en eso la acción del delegado apostólico, sino que, dejando de lado la circunspección diplomática, tan cuidadosamente observada en sus informes oficiales, según un testigo acular, había llamado a Vera, "orgulloso y grosero" ("orgueilleux et grossier"). De acuerdo al mismo testigo, Mons. Marini, se habría permitido apodar al Vicario de "salteador", y esto en conversaciones privadas en el seno de familias y en presencia de gente joven.

Es curioso notar, que nuestro testigo, en su informe a la Santa Sede en francés, usa la terminología castellana de "salteador", sin sentir la necesidad de traducirla, probablemente porque no encontraba un término tan elocuente en su lengua materna. Al tiempo que conserva la autenticidad de la expresión del delegado, con su típico sabor local, le otorga mayor credibilidad.

Parecería muy improbable que este joven sacerdote francés, testigo ocular y auricular de las dos primeras calificaciones, y testimonio indirecto de la tercera, tuviese algún interés en manipular o falsear la verdad de los hechos.

Por otra parte, es muy probable que el nuncio se hubiera formado un concepto semejante del Vicario de Montevideo, después de todas las complicaciones que le había creado con su conducta altanera.

Esto, por lo tanto, constituiría, entre otras cosas, el lado oscuro de la personalidad de Vera, "**orgulloso**, **grosero** y **salteador**".

Antes de pasar al desarrollo de semejantes caracterizaciones, cabría hacer dos anotaciones.

En primer lugar, es sumamente penoso para un alma devota, figurarse a un personaje de tamaña cultura y educación como era Marini, denigrar a la primera autoridad eclesiástica de una nación, usando epítetos tan poco benévolos en presencia de personas laicas y de jóvenes.

Se podría argüir que Vera estaba haciendo lo mismo con todos sus amigos y conocidos, pintando al nuncio como un mentiroso, vendido e indigno de representar al Sumo Pontífice.

El rebajarse uno, no supone que el otro deba hacer lo mismo. Desgraciadamente ambos cayeron en la misma trampa, dejándose llevar por sentimientos poco nobles.

En segundo lugar, opino sea muy difícil llegar a descubrir el sentido profundo de esos apelativos utilizados por el delegado apostólico. Con todo se intentará una posible aproximación, sin tener la certeza de dar completamente en el blanco.

Orgulloso. El orgullo tiene dos acepciones comúnmente aceptadas por todos. Hay un orgullo admitido y estimado que se traduce, por ejemplo, en el sentimiento que prueba un padre frente a un hijo que tiene éxito, o el sentimiento de un ciudadano con referencia a su patria. Se habla, en efecto, de un padre orgulloso de su hijo o de un ciudadano orgulloso de su patria.

Este orgullo considerado inocuo y por lo general beneficioso, si acentuado en demasía, podría llevar a posturas sin duda vituperables.

Hay una segunda clase de orgullo, generalmente reprobada, en donde se descubre la tentativa de engrandecerse a sí mismo, rebajando a los otros. Es la actitud altanera, con la cual se mira despectivamente a los otros.

Es evidente que en ambos casos se trata de un sentimiento, que mientras no se traduzca en acción concreta, no entraña consecuencias deletéreas para la convivencia.

No queda lugar a duda, que Marini en su contacto personal y profesional con Vera en Buenos Aires hubiese experimentado la misma antipatía que habían probado los políticos uruguayos.

Daba la impresión que la actitud orgullosa de Vera en lugar de crear puentes, levantase murallas de incomprensión y animosidad.

La primera explosión de orgullo se manifestó al momento de leer en el nombramiento de Vicario, aquella anotación autógrafa, en la cual se le pedía devolver inmediatamente los papeles, en el caso de encontrarse resistencia por parte del Gobierno.

Vera se sintió profundamente herido en su orgullo, porque, en su opinión, se le estaba tratando de una manera poco digna. El que se había propuesto terminar con la debilidad de los Vicarios anteriores, debía ahora tomar parte en una comparsa, en donde se le hacía jugar el papel de cobarde y pusilánime frente a los mandones de la tierra.

A éstos se los debía poner en su lugar y no contemporizar, mostrándoles quién era superior y quién mandaba, **porque el Padre Vera, aunque campesino y pobre hombre, no se hacía juguete de los señores de altura.**

Su orgullo herido no se para en simples lamentaciones, sino que inmediatamente manda a Roma, por diversos conductos, copias de la carta de Mons. Marini, para que sepan la clase de delegados que envían al Río de la Plata, y para averiguar si ésas eran las instrucciones que había recibido. Si no fuera así, le pesaría mucho al señor delegado.

Es difícil penetrar en este enmarañado mundo de los sentimientos, en donde se mezclan y confunden entre sí orgullo, sospecha, desconfianza y venganza, dando origen a una personalidad poco agradable.

La característica esencial del orgullo de ensalzarse a sí mismo y humillar al adversario, se revela prepotentemente en las instrucciones de Vera dadas al gobernador eclesiástico Pablo María Pardo.

A los sacerdotes rebeldes, si se sometían, se les debían imponer algunos días de retiro bajo la dirección de un sacerdote de confianza. Se les habilitaría luego, publicando el acto de sumisión.

Si los sacerdotes Mayesté y Brid se humillaban, debían ocurrir al Vicario Apostólico, que les impondría las penas correspondientes.

Es cabalmente en este segundo trato especial reservado para los cabecillas, que podría parecer totalmente inocuo e irreprensible, en donde se revelan los sentimientos de orgullo y venganza del superior eclesiástico. Los rebeldes deben asumir una actitud interior y exterior de arrepentimiento sincero, humillándose en la presencia de Vera, que como juez supremo les impondrá el castigo merecido.

La misión del Vicario, vivida como si fuera de origen divino, es reafirmar su autoridad suprema, a la cual nadie puede oponerse, y humillar al pecador que, aunque arrepentido, debe morder el polvo de la tierra. No parecerían éstos ni los sentimientos de Jesús, Buen Pastor y su modelo ascético, ni los de San Ambrosio de Milán, su modelo operativo.

Pero en donde aparece mayormente su postura orgullosa es en la célebre confrontación con el nuncio, en donde se les escapan a ambos, insultos, acusaciones e injurias.

Marini, para no hacer naufragar la negociación, es el que hace el primer paso, disculpándose. Vera, por el contrario, nunca reconocerá su parte de culpa en el incidente, nunca pedirá disculpa por sus arrebatos y desconfianzas, y lo que es peor, se jactará de volver a hacer lo mismo en el caso se repitiese el lamentable episodio.

En sus comentarios a los amigos, remarcará sin ninguna pena o remordimiento, que el **Vicario de Montevideo no es de los hombres de fácil manejo**, autodefiniéndose como suprema autoridad ("Vicario de Montevideo") y hombre que no cede frente a nadie ("de fácil manejo"), o sea terco e inflexible.

El que había exigido sumisión y humillación de los sacerdotes rebeldes, no piensa ni por un instante, que debería aplicar la misma regla a su conducta insubordinada y altanera.

Triste deformación psicológica de la autoridad religiosa que se imagina, de algún modo, por encima de las debilidades humanas, irreprochable en su proceder, por equivocado que sea, y por lo tanto responsable sólo antes Dios de sus acciones.

Este es el epítome de todo orgullo, tan detestado en los súbditos y tan tolerado en sí mismo.

Marini no subestimaba ese orgullo, sustentado por una fuerte ideología religiosa y por ende sumamente peligroso. Si hubiese llegado el caso de deber pedirle a Vera que renunciara al cargo de Vicario Apostólico (posibilidad contemplada en las instrucciones recibidas), el nuncio temía con fundamento, que el antiguo párroco de Canelones se rehusaría bajar de la silla vicarial.

El delegado apostólico evitará a toda costa llegar a ese extremo, cuya eventualidad lo aterrorizaba, porque hubiera causado desastres incalculables. Salvará la dignidad del Vicario, sumamente quisquilloso y acogerá las justas demandas del Gobierno, llegando a un acuerdo satisfactorio.

Grosero. Descortés, que no observa decoro ni urbanidad, según la Real Academia Española. Esta calificación, referida a una persona con autoridad resulta un tanto dura y ofensiva.

Marini, en su informe oficial a Roma, al hablar del posible candidato Jacinto Vera, no se permitirá usar ese término. Sin embargo, no tendrá ningún temor en utilizarlo en sus conversaciones privadas.

De una manera típicamente diplomática y sin herir la sensibilidad de quien leyera su parecer, describía en estos términos la misma realidad: "El segundo [Jacinto Vera], en fin, habiendo nacido y vivido en el campo, **carece de aquellos modales, que aumentan el respeto y procuran simpatías** al que se encuentra colocado en un alto puesto".

Esto es precisamente lo que entendía el nuncio por "**grosero**". En otra circunstancia, cuando ya había adquirido cierto conocimiento directo con el Vicario, elaborará sobre el tópico, agregando las calificaciones de "**terco e ignorante**".

Vale la pena recordar que sólo dos veces aparecerán en informes oficiales juicios negativos sobre la personalidad de Vera. El primero es el que hemos mencionado arriba, y el segundo, en ocasión de las negociaciones de Buenos Aires, que no se refería a su carácter, sino a sus efectos: las **imprudencias**.

El Vicario de Montevideo les tenía un terror pánico a los informes de Marini, pero se equivocaba rotundamente. Era Marini el que le hubiera debido tener miedo a las múltiples informaciones negativas de Vera.

Que el Vicario de Montevideo careciera de aquellos modales que aumentan el respeto es evidente en la conducta de los sacerdotes rebeldes, que menospreciaban su autoridad, se burlaban de sus censuras y hacían alarde, con el apoyo del gobierno, de una impunidad arrogante.

Que el Vicario de Montevideo careciera de aquellos modales que procuran simpatías es más que manifiesto en sus relaciones con el Presidente de la República y con sus ministros. Sea Berro, que Arrascaeta y Castellanos lo encontraban duro y anguloso, volviéndolo antipático. Esa antipatía había crecido tanto, que se había convertido en aversión, llegando al punto de rehuir encontrarse con él, aun en la calle.

Los modales poco agradables, y la falta de sensibilidad hacia los interlocutores no terminan aquí, sino que se extienden también a amigos y colaboradores íntimos del Vicario.

Descartando al nuncio, que nunca en realidad fue amigo aunque sí colaborador en las batallas más duras, y contra el cual se había permitido usar frases insolentes y ofensivas, enumeraremos simplemente dos incidentes muy significativos.

El primero se refiere a los tres sacerdotes, que el mismo Vera había escogido personalmente para acompañarlo en las misiones en el interior del país.

El ritmo de las actividades pastorales había sido tan intenso y el horario tan exigente, que los pobres eclesiásticos, no acostumbrados a ese nuevo estilo de vida, agobiante y agotador, empezaron a quejarse, requiriendo una suspensión temporánea de esa extenuante labor.

Pero no obstante el frío, el cansancio de sus colaboradores, los insistentes pedidos de los amigos de la capital para que volvieran, y su pierna enferma por una caída de caballo, Vera no escuchó a nadie, y prosiguió impertérrito su misión.

El mismo se dará cuenta del malestar de sus valientes ayudantes de campo y escribirá: "Estamos en lo reñido del combate y la victoria dudosa, porque los soldados... parece quieren imitar la conducta del veterano desertor".

Como era despiadado y áspero consigno mismo, así lo será también con sus amigos más íntimos. Justificaba su falta de sensibilidad y de modales presentando la necesidad espiritual de los fieles y la mayor gloria de Dios.

Un segundo ejemplo de semejante desconsideración de las necesidades ajenas es la deserción de su Provisor y Vicario General Victoriano A. Conde. Este que había sostenido en todo y por todo a su amo, con una actitud fiel y ejemplar, sacrificando sus propios intereses y bienestar, a un cierto punto se sintió abrumado con esa situación de destierro, y le pidió permiso al Gobierno, para poder regresar a su país. Conseguida la venia, presentó a Vera la renuncia irrevocable de su cargo de Provisor y Vicario

General, y se retiró a su patria, con inmenso regocijo de los adversarios del Vicario.

La decisión de Conde, obviamente no es sólo el fruto de los modales de Vera, pero ellos contribuyeron en una medida no despreciable.

El Vicario de Montevideo, por su actitud intransigente y desconsiderada, había llegado a perder su máximo ayudante y sostenedor, su brazo derecho, y probablemente su buen amigo.

Como se ha dicho en otro lugar, Vera no buscaba popularidad o aprobación, debía cumplir con una misión, y ésa será llevada a cabo contra viento y marea.

Salteador. Este término, aplicado a un eclesiástico, no es ciertamente común, ni de fácil interpretación. Confieso que ha requerido mucha reflexión antes de poder encontrar una posible solución a semejante enigma.

Salteador es un "hombre que saltea y roba en los despoblados o caminos" (Real Academia Española).

¿Qué razones habrá tenido Marini para aplicarle semejante calificativo a Vera? Muchas, demasiadas quizás, como se verá a continuación.

¿Qué hubiera podido robarle Vera a Marini? No cierto posesiones materiales, que aunque constituyan un aliciente para muchos, no lo eran para el Vicario.

En sus constantes y, a la apariencia inocuos, asaltos, el eclesiástico montevideano le arrebató al diplomático ascolano lo más precioso que poseía: **méritos diplomáticos, amistades y buen nombre.**

No es fácil descubrir lo deletéreo de la acción informativa de Vera, sin tener presente el resultado final, que es la caída en desgracia (parcial o total, es difícil establecerlo) a los ojos de Pío IX del delegado apostólico.

Méritos diplomáticos. Desde su nombramiento hasta la solución del conflicto con la elección del gobernador Pablo María Pardo, Vera desfigurará la realidad al punto de aguar la acción del diplomático Pontificio, reduciéndola a poco menos que insignificante.

Su nombramiento, para empezar, no había sido obra de Marini, sino del influyente eclesiástico chileno Eyzaguirre, que se encontraba en Roma, y del Obispo de Buenos Aires, Mons. Mariano Escalada.

El arreglo final, firmado en la ciudad porteña, presenta también una interpretación curiosa. En su informe del 23 de junio de 1863 al card. Antonelli, Vera, al tiempo que reconoce que el arreglo había cambiado la situación del Vicariato amenazado seriamente de un cisma, le resta importancia a la obra de Marini cuando agrega: "Verdad es, que el Gobernante Sr. Berro temió al pueblo, que alarmado con las medidas hostiles al Clero y a la Iglesia amenazó derribarlo y para detenerlo, tuvo la habilidad de declinar su odiosidad sobre el Ministerio de aquel entonces, y lo destituyó. El pueblo se calmó con este paso, y vino el arreglo".

No dice nada de su oposición constante a toda negociación y no menciona su ardiente deseo de que fracasara. Ni siquiera una palabra sobre la lucha descomunal del pobre delegado para frenar sus arrebatos inconsultos y calmar sus iras injustificadas.

Lo que valía a sus ojos no era la incansable labor de Marini, sino su regreso triunfal a Montevideo.

Amistades. Con sus constantes sospechas, con sus reiteradas quejas había logrado poner en contra de Marini a sus mejores amigos. Bastará recordar a dos de ellos, sin duda los más influyentes, para percibir lo venenoso de la acción desinformativa de Vera.

Domingo Ereño, párroco de Concepción del Uruguay, amigo e informante de Marini por varios años, se había vuelto uno de sus críticos más despiadado al enterarse del arreglo entre el gobierno uruguayo y el delegado pontificio, gracias a las distorsiones de Vera, con el cual se comunicaba muy frecuentemente.

También el buen y ecuánime jurisconsulto Requena había caído en la red tentacular del Vicario. A razón de esto había habido un enfriamiento en las relaciones con el nuncio. De informante asiduo de la nunciatura, se había vuelto en testigo mudo de los acontecimientos. Pero bien informado, y con los documentos oficiales debajo de sus ojos, de persona sabia y prudente que era, dio marcha atrás.

Reconoció haberse equivocado y confesó cándidamente que Marini había sido siempre **honesto y consecuente**. Nadie de los otros tuvo la cordura o valentía de hacer lo mismo, empezando por el Vicario hasta el último de los clérigos de la república, sin excluir a laicos católicos de considerable influencia.

Vera, con sus sospechas y calumnias veladas, había levantado un muro entre la nunciatura de Buenos Aires y los buenos católicos.

Buen nombre. Finalmente, el "salteador" Vera, logró arrebatarle a Marini, lo más precioso que un hombre pueda poseer, su buen nombre.

Para convencerse de esto, que es una lógica consecuencia de lo anterior, basta leer con calma y sin prejuicios la carta de Chiara Maria Podestà a Juan Benito Definidor General de los Capuchinos y la carta de Jean Carmel Souverbielle a Su Santidad Pío IX [6].

Ambas, evidentemente, terminaron en la Secretaría de Estado, siendo examinadas por el card. Antonelli y muy probablemente por el mismo Sumo Pontífice.

---

[6] **Dario Lisiero**, El Vicario Apostólico Jacinto Vera, Lustro Definitorio en la Historia del Uruguay (1859-1863), Segunda Parte, p. 205 y 209.

Los inocentes desahogos del Vicario de Montevideo se habían convertido en una interpretación falseada de los acontecimientos y en una caricaturización de la acción del delegado pontificio. Vera es presentado como un pobre mártir, y Marini como un implacable verdugo.

Las dos cartas constituyen una muestra mínima de la avalancha de lodo que se había descargado sobre el buen nombre del nuncio.

Esta parecería la razón por la cual el nuncio había usado el calificativo muy fuerte de "salteador", para definir la acción avivada y devastadora del Vicario de Montevideo.

Si no fuera así, nos preguntamos cuál otro hubiera podido ser el motivo para usar ese epíteto tan ofensivo.

En conclusión, Marini estaba consciente de toda esta campaña difamatoria, y a pesar de haber afirmado en otras ocasiones que "**los lenguaces se encuentran doquiera, y es imposible contenerlos**", se vio forzado, demasiado tarde quizás, a pasar al contraataque. Abandonando la delicadeza diplomática, empezó a utilizar, en sus conversaciones privadas, los términos poco halagüeños, que acabamos de analizar: **orgulloso, grosero y salteador.**

Si es verdad que en el fervor de la lucha se pierde el sentido de la medida, del decoro y de la decencia, es igualmente cierto que se descubren realidades incómodas por falta de filtros religiosos, diplomáticos o de simple cortesía. En otras palabras, se manifiestan verdades que duelen.

Jacinto Vera era un hombre de fe profunda, de abundante caridad y de riguroso ascetismo, condicionado por una poderosa ideología religiosa que lo convertía en un santo y mártir para algunos y en algo antipático y duro para otros.

Su **cristianismo de choque** contrastaba enormemente con el **cristianismo del compromiso y diálogo** de Marini.

Conclusión

Al empezar nuestro estudio hemos afirmado que no era "nuestra intención agrandar o achicar, magnificar o desprestigiar, autenticar o mistificar el **retrato anguloso del Vicario** de Montevideo, sino sacarle el polvo del tiempo y los sedimentos de visiones e interpretaciones parciales, para que resplandezca en la totalidad de su belleza natural. Nada agrada y conquista más que la naturalidad y simplicidad de la persona".

No estamos seguros de haber alcanzado nuestra finalidad en su totalidad, pero tenemos la convicción de haber seguido con escrupulosidad la abundante documentación llegada hasta nosotros. Hemos intentado interpretarla, sumergiéndonos en el ambiente histórico del siglo XIX, y tomándoles el pulso a los diversos personajes.

El retrato de nuestro protagonista, **Jacinto Vera**, permanecerá una acuarela, pero con delineamientos menos desdibujados y un semblante más **humano**.

Esta última característica de su humanidad lo hace mucho más atractivo y creíble, por estar al alcance de todos.

Su carácter fuerte y a veces explosivo, sus modales no refinados y con sabor a campo, su poca cultura y su abundante ideología de creyente empeñado en la transformación de la sociedad, no lo separa del resto de los seres humanos, sino que lo hace uno de ellos.

Su viveza criolla, que en último análisis logra vencer la refinada diplomacia vaticana, al tiempo que lo encuadra en un ambiente histórico y geográfico bien determinado, el Uruguay del siglo XIX, da esperanzas a cualquiera, para no sucumbir frente a los grandes y poderosos del siglo.

Hay algo, sin embargo, en nuestro protagonista, que lo eleva por encima de los comunes mortales, colocándolo en un pedestal todo suyo: **su acendrada moralidad**.

Tanto sus múltiples aspectos negativos, como sus extraordinarias cualidades positivas, pueden servir para todo hombre de buena voluntad como indicaciones luminosas, no para repetir el pasado, sino para crear un futuro nuevo y esperanzado, y para inaugurar la era mesiánica, tan ansiada por la humanidad entera.

Publicaciones del mismo autor

1. - **Dario Lisiero**, People Ideology, People Theology, Exposition Press, New York 1980.

2. - **Dario Lisiero**, My First Life, Trafford, Victoria (Canada) 2004.

3. - **Dario Lisiero**, Angelica, Lulu, New York 2006

4. - **Dario Lisiero**, José Benito Lamas, I. Reconstrucción histórica del gobierno eclesiástico en 1852-1857, Editorial Dunken, Buenos Aires 2003.

5. - **Dario Lisiero**, José Benito Lamas, II. Relectura del pensamiento y de la acción de José Benito Lamas, Editorial Dunken, Buenos Aires 2004.

6. - **Dario Lisiero**, Uruguayana, Lulu, New York 2006.

7. - **Dario Lisiero**, El Vicario Apostólico Jacinto Vera, Lustro Definitorio en la Historia del Uruguay, Primera Parte, Lulu, New York 2006.

8. - **Dario Lisiero**, El Vicario Apostólico Jacinto Vera, Lustro Difinitorio en la Historia del Uruguay, Segunda Parte, Lulu, New York 2006.

www.ingramcontent.com/pod-product-compliance
Lightning Source LLC
Chambersburg PA
CBHW020757160426
43192CB00006B/362